언   제
어 디 서 나
배   웠   다

언제 어디서나 배웠다

신정일

파람북

언제 어디서나 배웠다

초판 1쇄 인쇄	2025년 10월 15일
초판 1쇄 발행	2025년 10월 21일
지은이	신정일
펴낸이	정해종
펴낸곳	(주)파람북
출판등록	2018년 4월 30일 제2018-000126호
주소	경기도 파주시 회동길 480 아트팩토리엔제이에프 B동 222호
전자우편	info@parambook.co.kr
인스타그램	@param.book
페이스북	www.facebook.com/parambook/
대표전화	031-935-4049
편집	현종희
디자인	이승욱
ISBN	979-11-7274-065-8 03190

- 책값은 뒤표지에 있습니다.
- 이 책은 저작물 저작권법에 따라 보호받는 저작물이므로 무단 전재와 복제를 금하며,
  이 책 내용의 전부 또는 일부를 이용하시려면 반드시 저작권자와 (주)파람북의 서면 동의를 받아야 합니다.

작가의 말

> 자신의 이야기를 쓰다 보면, 원래대로라면 시점을 밝혀야 할 때인데도 어쩔 수 없이 '자주'라고 쓰곤 한다. 그도 그럴 것이, 추억이란 어둠 속에서 끄집어내진다는 사실을 사람은 언제나 인식하고 있기 때문이다.

프란츠 카프카의 말이다. '추억을 어둠 속에서 끄집어내다'라는 구절 앞에서 나는 오래 머무른다. 실제로 나 역시 지난 일들을 더듬을 때마다 그것이 꿈속에서 일어난 일 같기도 하고, 남의 이야기 같기도 하다. 작가는 그런 파편들을 한 조각 한 조각 기억의 창고 속에서 끌어내 글을 쓰게 되는 것이다.

가난하고 우울하게 은둔자처럼 살았던 청소년 시절. 그 시절을 회고해 볼 때 가장 행복했던 순간은 가족이 모두 잠든 밤, 홀로 깨어나 등잔불 밝힌 채 책을 읽을 때였다. 잠을 주무시던 아버지가 "어서 자야지"라고 말씀하시면, "예." 하고 건성으로 대답하고서 책갈피를 넘겼다. 초서의 "돌처럼 묵묵히 새로운 책을 펼치고 앉아 눈이 침침해져 보이지 않을 때까지"라는 말처럼, 눈이 침침해서 눈물이 날 때쯤에서야 불을 끄고서 잠을 청했다. 지내놓고 나니 그때야말로 내가 가장 열심히 '공부工夫'하던 순간이었다.

그럼에도 나는 '공부'한다는 생각으로 책을 읽지 않았다. 아니, 공부라는 생각 자체가 없었다. 초등학교를 졸업하고 나서는 단 한 번도 시험을 볼 필요가 없었고, 그 누구도 나를 감독할 사람이 없었고, 그 누구에게도 "공부해라"라는 말을 듣지 않았기 때문이었다. 그러거나 말거나 너무 이른 나이에 '활자중독증'에 걸렸던 나는 닥치는 대로 책을 읽었다. 마르크스가 자신을 일컬어 "나는 책을 먹어치우도록 저주받은 기계"라고 불평하였던 것처럼. 책은 나의 유일한 친구이자 굴레이자 맞수이자 연인이었다. 혼자서 공부했기 때문에, 누구 한 사람 책을 선정해 주는 사람도 없었다. 빌리거나 사서 읽은 책을 통해서 다른 책을 알게 될 뿐이었고, 그저 읽고 또 읽었다. 내게는 오로지 책, 그리고 내 앞에 그저 펼쳐진 자연뿐이었다.

다산 정약용에게도 비슷한 일화가 전한다. 유배형을 받고 영암과

강진 사이 누릿재를 넘은 뒤 성전 삼거리를 지나 유배지 강진에 도착한 뒤 강진읍 동문 밖의 할머니 집에다 거처를 정한다. 세상으로부터 완전히 버림받은 그에게 이윽고 커다란 기쁨이 찾아온다.

> …방에 들어가면서부터 창문을 닫고 밤낮으로 외롭게 혼자 살아가자, 누구 하나 말 걸어주는 사람도 없었다. 그러나 오히려 기뻐서 혼자 좋아하기를 '나는 겨를을 얻었구나.' 하면서, 『사상례士喪禮』 3편과 『상복喪服』 1편 및 그 주석註釋을 꺼내다가 정밀하게 연구하고 구극究極까지 탐색하며 침식을 잊었다.[1]

아리스토텔레스가 '아포리아aporia(길이 없는 상황)에 의한 놀라움'에서 바로 철학이 시작된다고 주장하였던 것과 일맥상통하는 얘기다. 나의 삶의 막다른 골목에서 발견한 것이 배움의 기쁨이었고, 그것은 책과 자연에서 왔다. 어쩌면 자연에는 책보다 더 귀중한 것들이 있었다. 걷기를 천직으로 삼고, 나라 곳곳을 두 번 세 번이 아니라 열 번 스무 번 아니 수백 번 돌아다녔다. 내가 글은 예이츠에 설령 못 미치더라도, 생전에 29만 km를 걸었다는 그보다 더 많은 걸음을 걸은 것은 확실하다.

---

1   정약용, 『상례사전』 서문

가끔 칠레의 시인 파블로 네루다의 시구를 떠올린다.

> 나였던 그 아이는 어디 있을까? 아직 내 속에 있을까. 아니면 사라졌을까?

돈이나 명성, 그리고 시간이 아무리 많아도 우리 산천을 그토록 많이 답사하기가 어디 쉽겠으며, 수만 권의 책 속에서 소일하기란 불가능에 가까울 것이다. 설령 다시 태어난다 해도 지금과 같은 호사를 누릴 수 있을까?

지금, 인공지능 AI가 활보하는 시대다. 얼마 전에 막우인 송하진 형과 점심을 먹었는데, 챗GPT를 가지고 노는 재미가 쏠쏠하다며 시를 짓도록 주제를 주었다. 그런데 기계가 지어낸 시가 제법 쓸만하지 않은가! 그리고 나서 송 형이 '신정일의 삶과 성향을 알아볼까?' 하고 물어보자, 제법 그럴듯하게 나를 설명하는 것이었다. 아니, 어설픈 사주쟁이나 관상쟁이보다도 훨씬 더 나았다. 요새 아이들은 모르는 것이 있으면 AI에게 물어본다는 얘기에 고개를 끄덕일 수밖에 없었다.

그렇게 변화하는 세상 속에서 우리의 배움은 진화하고 있는가? 지금, 학교나 관공서에 도서관들은 카페처럼 잘 꾸며져 있고, 아이를 키우는 집집마다 책이 쌓여 있지 않은 집은 드물다. 그런데도 사람들은 책을 잘 읽지 않는다. 좋은 책들이 진열대에서 그냥 졸고 있거나 장식

품으로 전시되어 있다. 퇴보를 하고 있는 게 아닌가? 책의 시대가 저물고 있다는 이야기가, 심지어 AI에게 물어보면 되니 배울 필요도 없고 배울 이유도 없게 되었다는 이야기가 파다하다.

 그러니 아쉽지 않겠는가. 나는 나야말로 스승 복이 많은 사람이라고 자부한다. 공자, 플라톤, 정이천, 도스토옙스키, 세네카, 범중엄…. 숱한 선대의 현인들로부터 지식과 지혜를 배울 수 있었다. 말 그대로 사숙私淑을 한 것인데, 그것은 오로지 책 덕분이었다. 어떻게 그 많은 스승들을 직접 만나보겠는가, 심지어 그들 중 절대 다수는 이 세상에 없을진대.

부처는 이렇게 말했다.

나 이외는 모두가 다 나의 스승이다.

이 책은 다른 이들에 대한 배움의 권유이면서, 또한 앞으로 남은 생애도 읽으며, 걸으며, 배우며 살리라는 나 자신의 다짐이기도 하다. 나의 여러 스승들이여, 나에게 더 큰 가르침을 주소서.

2025년 10월, 온전한 땅 전주에서

차례

작가의 말　　　　　　　　　　　　　　　　　　　　005

1부　나만의 공부를 찾아서

잘하는 공부 하나만 있으면 된다　　　　　　　　　017
거미줄에 걸린 나비　　　　　　　　　　　　　　　023
공부, 그것은 노는 것이다　　　　　　　　　　　　028
책, 나의 스승　　　　　　　　　　　　　　　　　　033
'스스로 그러한' 삶에서 배운다　　　　　　　　　　038
불안을 위해, 읽다　　　　　　　　　　　　　　　　042
아버지의 침묵이 가르쳐 준 것　　　　　　　　　　047

야매의 품격	052
자유로운 삶에 대하여	058
값과 값어치 사이	062
주어진 씨앗	067
길을 잃어야 길을 찾는다	072
가난이 선생이다	076
새에게 음악을 들려주지 말라	080

2부 길에서 배우는 공부

통제되지 않을 결심	087
경주에서 읽은 유치환	091
놀이터의 에밀	095
사라진 것들을 위한 노래	099
책장에서 만난 동행	103
칸트와 함께 걷는 길	106
여행 전날 밤의 음악	110
전율의 고향	114
세네카에게서 배운 진짜 부	118

행복의 얼굴	121
단순함에 대하여	125
애매한 경우에는 자유를 주어라	129
울지 마라, 화내지 마라, 이해하라	134
연꽃이 피는 소리를 찾아서	138
'라떼'와 '아아'에 깃든 도덕경	141

3부 스승을 배신하는 법

도반이 선생이다	147
길 위의 스승, 길 위의 제자	152
내 안의 아이를 찾아서	157
인의예지라는 네 가지	160
관계의 온도	164
나를 떠나, 너 자신이 되어라	168
아직 가야 할 길이 많이 남아 있다	172
원숭이도 나무에서 떨어진다	177
꾸준히, 부드럽게, 그러나 멈춤 없이	182

4부 옛 스승의 품격

맹자, 바꿀 수 있는 것에 집중하라	189
루소, 어린이라는 우주	192
공자, 잡다한 별들이 빛나는 이유	197
황희, 가르침에는 귀천이 따로 없다	202
강희제, 즐거움을 추구하되, 정중함을 잃지 말라	207
이황, 내가 온전해야 세상이 온전하다	212
정갑손, 말하지 않고도 가르친다	217
박지원, 내 몸속에서도 갑과 을이 있다	221
곽낙원, 자랑스러운 어머니의 초상	226
김일손, 조금 어리석게	231
최제우, 이미 물든 종이는 새로운 그림을 그리지 못한다	236
강희맹, 기다릴 줄 아는 부모가 되어라	240
채세영, 단 하루라도 직을 맡고 있다면	244
박제가, 잘 노는 법	248

5부 나눔, 공부, 생명

당신들의 천국	255
방외지사의 삶을 살다	258
기억은 감탄에서 시작된다	262
욕심보다, 생명	266
우리는 노점상을 단속하지 않습니다	271
무엇을 선택할 것인가	275
이치에 맞게 산다는 것	279
소년의 고독은 램프가 된다	283
사랑을 배우지 못한 자의 사랑법	286
명패 놓인 책상 대신, 걷기	290
결국, 인생은 1인칭이다	295
나는 나대로 살았노라	300
우리는 무엇을 꿈꾸며 살고 있는가	304

1부 나만의 공부를 찾아서

"배움에 정답은 없다.
각자에게 맞는 공부법이 있을 뿐이다."

잘하는 공부 하나만 있으면 된다

사람마다 잘하는 공부가 있고, 그렇지 못한 공부가 있다. 자연의 이치와 전혀 다르지 않다. 나무마다 잎의 생김새가 다르고, 뿌리 내리는 방향과 깊이가 다른 것처럼, 또는 하늘의 새들의 날개 모양이 다르고 먹이로 삼는 음식이 각자 다른 것처럼. 그와 마찬가지로, 인간도 저마다의 공부법과 깨달음의 방식이 있다.

나는 내게 맞지 않는 공부들이 많다는 사실을 일찍 깨달았다. 아니, 깨달을 수밖에 없었다. 생각해 보면 참 웃기는 일이다. 코흘리개 아이들도 잘만 타는 자전거를 나는 이 나이가 되어서도 못 탄다. 넘어져서 무릎이 까지고, 팔꿈치가 벗겨지고, 창피해서 얼굴이 빨개진 경험만 남긴 채 말이다. 오토바이나 자동차는 아예 포기했다. 자전거도 못 타는 내게는 아득한 세계의 탈것 아닌가.

수영? 물에 들어가면 돌덩이가 되었다. 바둑? 돌만 그럴듯하게 만지작거릴 뿐이다. 악기 하나 다룰 줄 모르고, 그럴듯하게 뭔가를 뚝딱 만들어내는 손재주도 없다. 매끄러운 말솜씨는 꿈도 꾸지 못했다. 사람들 앞에 서면 혀가 꼬였고, 누구에게 알랑거리는 것은 정말이지 못했다.

"너는 뭘 잘하냐?" 친구들이 물으면 이 나이가 되어서도 여전히 할 말이 없다. 그나마 내세울 수 있는 것이라곤 여전히 온종일 걸을 수 있는 체력과 무엇이든 오래 기억하는 능력뿐이다. "그것도 재주라고 할 수 있냐?" 하고 물으면 역시 할 말이 없다. 걷기와 기억력이라니! 개도 걷는다. 코끼리도 기억력이 좋다고 소문이 나 있다. 인간의 이름을 걸고서는 어디 내세울 것도 없는 재능들이다.

그런데 어이없게도, 바로 그 알량한 두 재주로 지금까지 밥벌이를 하고 있다. 걸어다니며 만난 것, 책을 읽으며 기억하는 것들을 재료로 사람들과 마주 앉아 이야기 나누고, 글을 쓴다. 나 자신이 봐도 이런 나 자신이 신기하다. 대단찮은 재주로 하루 세 끼를 먹고 산다는 것이 부끄럽지만 다행스럽고, 가끔은 대견하기까지 하다.

자본주의사회는 모두가 특별한 사람이라고 외치며, 우리에게 특별함을 강요한다. 하지만 거짓말이다. 나와 세상 사람들은 대개 특별한 능력이라곤 하나도 없다. 그러나, 그것 없이도 묵묵히 하루하루를 살아가는 데는 늘 성공이다. 사실, 특별하지 못한 우리는 특별하지 못한 서로에게 위안이었어야만 했다. 시대를 건너, 이 땅 곳곳에서 저마다의 걸음으로 오늘을 버티는 이들이 있으니까 말이다.

소설가 제인 오스틴의 『맨스필드 파크』에 인상 깊은 장면이 있다. 줄리아는 사촌의 무지함을 조롱하며 말한다.

> 유럽 지도도 모르고, 러시아의 큰 강도 모르고, 아일랜드로 가는 길을 묻자 와이트섬으로 건너가야 한다니, 말도 안 되잖아요!

그때 노리스 부인이 조용히 말한다.

> 애야, 너와 네 언니는 놀라운 기억력을 타고났잖니. 너희 가엾은 사촌은 아무것도 가지지 못했단다. 그러니 그 아이를 이해하고, 배려해줘야지.

이 대목을 읽는 순간, 뭔가 뜨끔했다. 나 역시 남의 무지를 비웃은 적이 있었으니까. 배움이란 단순한 암기나 지식의 축적이 아니라, 타인의 부족함을 감싸 안는 태도라는 걸 그 대목에서 깨달았다. 그것 역시 배움이다.

하지만 현실은 다르다. 우리는 무언가를 알고 있는 자신을 괜히 자랑스러워한다. 정작 그 지식들은 우리에게 쓸모없는 무게로 다가오는데 말이다.

러시아의 작가, 안톤 체호프는 『세 자매』에서 "우리는 쓸데없는 걸 너무 많이 알고 있다"고 말한다. 역시 책 좀 읽었다 하면 '헛똑똑이' 행세를 하고 싶어하는 우리의 정곡을 찌른다. 체호프에 따르면, 사람들은 언어를 몇 개씩 구사하고, 정교한 지식을 나열할 줄 알지만, 그 지식이 삶과 어떻게 연결되는지는 모른다. 오늘날 우리 모습 그대로다.

우리는 달에 깃발을 꽂고, 화성에 탐사선을 보낸다. 대단하다. 하지만 정작 자신이 마시는 물이 어디서 오는지, 우리가 버린 쓰레기가 어디로 흘러가는지는 모른다. 이게 말이 되나? 눈앞의 성취에만 몰두하다가 삶과 진정 밀접한 것을 놓치고, 결국에는 삶마저 놓친다.

체호프는 솔직했다. "나는 여전히 배움이 필요하다"라고 고백했다. 자신을 '문학가로서 무식한 사람'이라 여기며, 다시 배우고 처음부터 새롭게 익히고 싶다고 했다. 이건 겸손이 아니다. 배움이란 게 본래 그런 것이다. 그것은 내가 사실 특별히 아는 게 없다는, 미완의 상태에 대한 성찰이다.

공자도 그랬다. 『논어』에서 그는 말한다.

> 아는 것을 안다고 하고 모르는 것을 모른다고 하는 것, 이것이 앎이니라.

단순하지만 깊다. 지식은 외워지는 게 아니다. 마음이 준비될 때 머물고, 사람의 내면을 밝혀야 비로소 삶을 이끄는 빛이 된다.
   소크라테스는 더 구체적이었다.

> 너 자신을 알라.

역시 당신이 남들에 비해 잘 알지 못한다는 점을 자각하는 것, 그것이 배움의 시작이라는 얘기다.

이제 좀 솔직해지자. 누구는 언어에 능하고, 누구는 숫자에 밝다. 누구는 길을 잘 찾고, 누구는 사람의 마음을 잘 헤아린다. 저마다 잘하는 공부가 있고, 못하는 공부가 있다. 그럼에도 우리는 결국은 다 다르면서도 비슷비슷하다. 그게 자연스럽다. 그러니 배움의 길에 들어선 우리들은 서로의 부족함을 비난하지 말자. 다름을 이해하고 채워주는 공동체를 만들어보자. 그래야 진정한 배움이 숨 쉴 것이다.
   나는 오늘도 걷는다. 바람결에 실린 풀꽃의 이름을 배우고, 돌부리 아래 숨은 개미의 집을 발견한다. 이름 모를 나무에 열린 작은 열매를 만진다. 지식은 두 발로 딛는 땅에서도 온다. 배우려는 마음, 걸으려는 마음, 이해하려는 마음만 있으면 우리는 이미 '공부하는 존재'다. 그러니 그중에서 당신이 잘하는 공부 하나만 있으면 된다. 정말이다.

거미줄에 걸린 나비

사람이 세상을 살아간다는 것은 결국 잠시 머물다 가는 여정이다. 그 짧은 시간 동안 우리는 많은 것을 바라지만, 뜻대로 되는 일은 열에 하나도 안 된다. 어릴 적엔 어른이 되면 모든 것이 쉬워질 줄 알았다. 마음먹은 대로 척척 해낼 수 있을 줄 알았는데, 그 기대는 언제나 현실의 벽 앞에서 산산조각 난다.

그럼에도 세상엔 자신이 뜻한 바가 전부 이루어져야 직성이 풀리는 사람들이 있다. 참 대단하다. 세상이 이토록 시끄럽고 어지러운 건, 어쩌면 사람들의 그런 마음가짐 때문일지도 모른다. 타인이 아닌, 자기 안에만 정답이 있다고 믿는 그 마음. 오직 자신의 의지와 이익만을 기준으로 삼는 태도. 그러면서 자신의 허물은 정작 모른다. 자신들의 완고한 태도가 세상을 어지럽히는 불씨가 된다는 것도 당연히 모른다.

조선 후기 문장가 남공철의 『잡설』에 이런 이야기가 나온다.

> 한 마리 나비가 거미줄에 걸려 죽는다. 거미가 일부러 노린 것도 아니고, 그물에 특별한 덫이 있었던 것도 아니다. 나비 스스로 날갯짓을 멈추지 못한 채 그물 속으로 뛰어든 것이다.

정말 그렇다. 나비는 빛을 쫓지만, 그림자를 보지 못한다. 달콤한 향기에 이끌려 스스로 죽음 속으로 날아든다. 남공철은 이어서 말한다.

> 우리 집 마당에 그물을 치고 낟알을 뿌렸을 때는 달랐다. 새 한 마리 잡히지 않은 채 하루가 저물었다. 새는 낟알을 보고도 주위를 살폈고, 인기척을 느끼면 곧장 물러섰다.

그리고 결론짓는다.

> 눈앞의 이익을 보고도 두려워할 줄 아는 자만이 화를 면한다.

아, 이 얼마나 놀라운 관찰인가. 작고 사소한 장면 속에서도 인간의 본성을 꿰뚫는 통찰이다.

  나는 어느 쪽인가? 나비인가, 새인가?

솔직히 나 역시 나비 쪽에 가까울 때가 많다. 살아오며 조그마한 이익 앞에서 쉽게 흔들리고, 달콤한 말에 넘어가고, 욕심을 부리다가 낭패를 보기도 했다. 이익의 달콤함에 끌리는 건 인지상정이라고 변명하고 싶기도 하다. 그러나 그 이익 앞에서 멈춰 서고, 한 번쯤 돌아볼 줄 알아야만이 더 깊은 길로 나아간다는 것 정도는 이제 깨닫고 있다.

  이익은 늘 화를 끼고 온다. 내 삶에서 몇 안 되는 절실한 공부는 이것이다. 욕심은 탐욕을 낳고, 탐욕은 재앙의 씨앗이 된다. 욕망은 언제나 거미줄을 만들고, 나비는 날개로 그것을 건드린다. 그리고 빠져나오지 못한다. 그럼에도 우리는 욕심을 놓지 못한다. 누구보다 더 갖고 싶고, 덜 잃고 싶다. 그런 마음이 우리를 점점 불안하게 만든다. 채운다고 생각하지만, 결국은 텅 비어간다.

하지만 꼭 절망할 이유는 없다. 앞서의 남공철은 또 다른 일화도 들려준다.

> 아이들이 마당에서 격구를 했는데, 이긴 아이는 돈을 따고, 진 아이는 잃었다. 그런데 이긴 자는 다음 날 다리를 다쳤고, 진 자는 우연

히 술집에서 붉은 담요 하나를 얻었다.

그렇다. 세상일이란 언제나 그렇게 엇갈린다. 그 속엔 우리가 모르는 또 다른 이야기들이 숨겨져 있다.

선택과 우연, 인연과 실수가 만들어내는 인생이라는 길. 거기엔 완전히 잃는 것도 없고, 완전히 얻는 것도 없다. 빈손으로 왔다가 빈손으로 가는 삶. 불가에서는 이를 '공수래공수거空手來空手去'라 한다.

성경의 「로마서」에도 이런 구절이 있다.

높은 데 마음을 두지 말고, 오히려 낮은 데 처하며, 스스로 지혜 있는 체하지 말라.

결국 이 모든 말들은 한 가지를 말한다. 사람은 잠시 살다 가는 존재라는 사실. 우리는 이 땅에 영원히 머무를 수 없다. 흘러가고, 스쳐 가며, 사라져간다. 그러니 지혜는 소리치지 않고 삶 속에 스며들어 빛나는 것일 수밖에. 겸손은 외양이 아니라 방향이고, 욕망은 채움이 아니라 덜어냄이다. 높이 오르려 애쓰기보다, 낮은 곳에 깃들 줄 아는 겸허함. 아는 체하지 않고, 모름을 부끄러워하지 않으며, 작은 이익 앞에서도 마음을 다잡는 여유.

그러니 이 짧은 시간 동안 우리가 할 수 있는 최선은 뭘까? 정직하게 하루를 살아내는 일이다. 잘 먹고, 잘 자고, 누군가에게 마음을 주고, 누군가의 마음을 받으며. 크지 않은 욕심으로, 그러나 진심으로 살아내는 일.

나비가 되지 말고, 새가 되자. 눈앞의 이익에 현혹되지 말고, 한 걸음 물러서서 생각할 줄 아는 사람이 되자. 거미줄이 보이면 피해 가고, 덫이 있으면 돌아서 가는 지혜를 갖자. 어쩌면 그것이야말로 우리가 아이들에게, 그리고 우리 자신에게 가르쳐야 할 가장 본질적인 지혜일 것이다.

> 공부, 그것은 노는 것이다

왜 어떤 공부는 즐겁고, 어떤 공부는 고통일까?

이 질문이 내 머릿속을 맴돈 지 꽤 오래됐다. 똑같이 달려 있는 머리로, 똑같은 시간에 하는 공부인데 왜 이렇게 다를까? 혹시 당신도 한자는 기가 막히게 잘 외우는데 수학에는 젬병이지 않았는가? 또는 과학은 잘하는데 영어 성적만 받아들면 엉망이지는 않았는가? 내게 잘 맞는 과목과 안 맞는 과목이 있다는 사실, '천재'가 아닌 누구나 경험했을 것이다. 그럼에도 적성에 안 맞는 공부까지 억지로 아이에게 짊어지게 하는 통에, 우리는 대개 즐겁지 않은 학교생활을 보내기 마련이었다.

조선 후기 매월당 김시습도 비슷한 고민을 했던 것 같다. 그는 자신의 글 「공부工夫」에서 이렇게 썼다.

> 배우고 생각하지 아니하면 없어지고, 생각만 하고 배우지 아니하면 위태롭다. 배우고 또 익히면 또한 즐겁지 아니하랴?[2]

'즐겁지 아니하랴?' 공자에게서 따온 이 한마디가 핵심이다. 김시습에게 공부는 역시 즐거운 것, 또는 즐거워야 하는 것이었다. 억지로 하는 게 아니라, 하고 싶어서 하는 것. 그래서 산천을 떠돌면서도 글을 쓰고, 시를 지었던 것이다.

맹자는 더 구체적으로 말했다.

> 사람이 즐거움 속에 빠지면 생기가 일고, 그 생기 속에서는 자신도 모르게 손이 춤추고 발이 절로 움직이게 된다.[3]

나도 그런 경험이 있다. 좋아하는 책을 읽을 때면 시간 가는 줄 모르고, 궁금한 것을 찾을 때면 온종일 돌아다녀도 피곤하지 않았다. 그렇

---

2 김시습, 『매월당집梅月堂集』 권6, 「공부工夫」
3 『맹자孟子』, 진심장구盡心章句 하下, "樂則氣生, 氣生則不舍, 不舍則不知手之舞之足之蹈之也."

다. 진짜 공부는 몸이 따라 움직이는 거다. 억지로 앉아서 하는 게 아니라, 저절로 빠져드는 것이 바로 공부였다.

그런데 우리 교육은 왜 이렇게 됐을까? 언제부터 공부가 즐거움이 아니라 고통이 됐을까?

독일의 소설가 귄터 그라스는 자서전에서 이렇게 고백한다.

나는 철저한 독학자다. 최초로 긴 원고를 쓰기 시작했을 때 나는 독일어 맞춤법을 전혀 몰랐다.『양철북』의 초고는 맞춤법 실수투성이였다.

놀랍지 않은가? 노벨문학상을 받은 작품을 틀린 맞춤법으로 썼다니! 만약 우리 교육 시스템이었다면 그는 첫 단계에서 탈락했을 것이다. "맞춤법부터 제대로 배우고 와라"라고 했을 테니까.

하지만 맞춤법 따위는 나중 문제다. 중요한 건 전하고 싶은 메시지, 그리고 표현하고 싶은 세계였다. 그것이 그라스에게는 있었다. 그래서 그의 공부는 즐거웠고, 끝까지 갈 수 있었다. 여기에 답이 있다. 즐거운 공부는 '내가 하고 싶어서 하는 공부'이고, 고통스러운 공부는 '남이 시켜서 하는 공부'다. 즐거운 공부는 '내 세계와 연결된 공부'이고, 고통스러운 공부는 '남의 세계에 끼워 맞추는 공부'다.

니체는 말했다.

나는 왜 이렇게 책을 잘 쓰는가? 나는 왜 이토록 현명한가?

뻔뻔해 보이지만, 사실 이게 건강한 태도다. 자신이 잘하는 것에 자신감을 갖고, 그것을 즐기는 것. 못하는 것 때문에 자괴감에 빠지지 않는 것. 그것이 창작의 동기이고, 또 발전의 동기가 되는 것을 그는 의식적이건 무의식적이건, 깨닫고 있었던 것이다.

그런데 왜 우리는 바보같이 못하는 것에만 그렇게 집중할까? 수학을 못한다고 인생이 끝나는 건 아닌데, 왜 그것 때문에 다른 것까지 포기할까? 영어를 못한다고 바보가 되는 건 아닌데, 왜 그것 때문에 열등감에 시달리면서 독서의 즐거움도 내던져 버릴까?

공자도 겸손하게 말했다. '자신은 타고난 지혜로운 사람이 아니라, 다만 옛것을 좋아하고 성실히 배워가는 사람일 뿐'[4]이라고. 위대한 스승도 모자람이 있었다. 그저 자신만의 방식으로 좋아하는 공부를 계속해 나갔을 뿐이었다.

내 기억력이 좋은 이유를 물어보는 사람들이 있다. 나도 정확히는 모

---

4 『논어』 「술이편」, "我非生而知之者, 好古敏以求之者也"

르겠다. 다만 중국의 정이천이 한 말이 내 경험과 비슷하다.

마음이 텅 비어 있을 때 기억이 잘 스며들고, 집착에 얽매이면 기억이 흐트러진다.[5]

억지로 외우려고 하면 잘 안 되는데, 재미있어서 읽다 보면 저절로 기억된다는 얘기다. 마음이 열려 있을 때, 편안할 때 공부는 내게 더 잘 들어온다.

결국 답은 간단하다. 공부가 즐거우려면, 내가 좋아하는 것부터 시작하면 된다. 내 세계와 연결되는 것부터. 남들이 중요하다고 하는 것 말고, 내가 궁금한 것부터.

노는 것처럼 배우고, 배우는 것처럼 노는 것. 맹자가 말한 대로, 즐거우면 생기가 나고, 생기가 나면 또 다른 앎이 따라오기 마련이다. 그러니 이제 스스로에게 물어보자. 나는 어떤 공부를 할 때 가장 나다워지는가? 어떤 앎 앞에서 나도 모르게 손이 춤추고 발이 움직이는가? 그 순간을 찾는 것. 그것이 진짜 공부의 시작이다.

---

5 정이천, 『정씨유서程氏遺書』

책, 나의 스승

아무도 나를 주시하거나, 관심 가져주지 않았다. 나는 충분한, 아주 충분한 외톨이였다. 살아내는 것만도 버거운 어머니가 그나마 나를 가장 관심 있는 눈길로 바라봤을 뿐, 할머니도, 고모나 삼촌, 작은 아버지 내외도 그저, 식사 때 밥을 같이 먹었을 뿐이었다. 한 아이가 자기들 곁에 있다는 것을 아는 것, 그 이상의 무언가가 있었는지는 잘 모르겠다.

'이렇게 살면 안 돼'라거나 '네 장래는 뭐니?', '취직해서 돈을 벌어야 할 텐데'라면서 나의 장래를 걱정해 주거나, '어떤 것을 하는 게 좋겠다'라는 말을 아무도 건네주지 않았다. 내가 학교에 가는지 안 가는지조차도 관심 가져주지 않았다. 어쩌다 눈길이 마주치면 그저 무심히 바라볼 뿐이었다. 말 그대로 방치였다.

그때 내 세계는 그 집, 그 골목, 그 사람들이 전부였다. 더도 아니고 덜도 아니고 그렇게 살았다. 사람들에게 붙임성이 없어 인사도 잘하지 못하고, 유난히 내성적이었던 나는 단지 사람들 눈에 안 띄기 위해 귀퉁이나 변두리만 찾아다녔다. 세상이 그것뿐인 줄 알았다.

그런데 어느 날, 손에 잡힌 책 한 권이 모든 걸 바꿨다. 책이 나를 조선 시대로 데려갔다. 갑자기 나는 한양 거리를 걷고 있었고, 기와집 처마 밑에서 선비들의 대화를 엿듣고 있었다. 책은 나를 서양의 어느 도시로 안내하기도 했다. 파리의 거리도, 런던의 안개도, 뉴욕의 마천루도 책을 통해 처음 만났다.

정말 신기했다. 아무도 데려가 주지 않았는데, 나는 어디든 찾아갔다. 아무도 소개해 주지 않았는데, 사람들은 내 친구가 되었다. 톨스토이의 『전쟁과 평화』를 읽으며 나는 러시아의 눈밭을 마차로 달리는 귀족이 되었고, 『삼국지』를 읽으며 관우와 장비와 함께 도원의 형제가 되었다. 그렇게 나는 깨달았다. 혼자 있어도 외롭지 않은 법을. 한 권의 책이 천 명의 친구가 되고, 한 시간의 독서가 평생의 여행이 될 수 있다는 사실을.

덴마크 작가 옌스 페테르 야콥센은 이야기한다.

> 사람은 누구나 자기의 생애를 혼자서 살고 자기의 죽음을 혼자서 맞는다.

『아미엘의 일기』의 아미엘도 소년 시절에는 단 한 사람도 위안을 주는 사람이 없었다고 했다. 그 말들이 남의 이야기가 아니었다. 나는 너무 이른 나이에 존재의 고독이라는 감각을 온몸으로 깨달아야 했다. 외로움은 나를 책으로 이끌었다. 그리고 역설적으로, 책은 내 세상을 무한히 넓혀주었다.

쇼펜하우어는 "세상의 젊은이들은 외로움을 견디는 법을 배워야 한다"[6]고 했다. 맞다. 나는 일찍 그것을 배웠다. 외로움을 견디는 것이 아니라, 외로움을 활용하는 법을.

찰리 채플린은 자서전에서 어머니가 자신에게 해준 말을 쓴다.

> 비참한 생활을 하고 있었을 때 어머니는 형 시드니와 나에게 '빈민굴의 버릇에 젖지 않도록 주의해다오. 너희들은 이곳 아이들과 다르다. 다른 사람이야' 하면서 긍지를 갖게 해주었다.

내게는 그런 말을 해주는 사람이 아무도 없었다. 하지만 책이 대신

---

6   아르투어 쇼펜하우어, 『인생론』 중 「고독과 교양 있는 삶에 대하여」

말해주었다. '너는 혼자가 아니야. 이 넓은 세상에는 네가 모르는 수많은 이야기들이 있어.'

마치 가수 박정현의 노래처럼, "잘 도착했어, 제일 좋은 건, 아무도 날 반기지 않아." 아무도 반기지 않는 그 고독 속에서, 나는 온전히 나만의 세계를 만들어갔다. 레오나르도 다빈치가 "이해의 기쁨은 가장 고상한 즐거움이지만, 그 기쁨은 때로 슬픔을 동반하며, 그 슬픔은 아름답다"고 하지 않았는가. 정말 그랬다. 독서하는 시간에는 기쁨과 슬픔이 함께 있었다. 새로운 걸 알아가는 기쁨, 그리고 그것을 온전히 홀로 삼키는 고독의 슬픔.

세월이 흘러 이제는 사람들과도 어울리며 산다. 하지만 여전히 혼자 있는 시간을 사랑한다. 그 시간에 책을 읽고, 생각하고, 글을 쓴다. 어린 시절 터득한 그 공부법이 지금도 나를 이끌고 있다.

돌이켜보면, 아무도 주시하지 않았던 그 시간들이 실은 가장 값진 공부 시간이었다. 사람들과 어울리지 못해서 억지로 혼자 있게 된 것이, 결국은 최고의 공부법을 선물해 주었다.

이제는 그 쓸쓸함도 내 친구다. 너무 일찍 혼자서 노는 것을 터득했고, 혼자서 공부하는 법을 터득했다. 그래서 오늘도 내일도 그 공부에 매진할 수 있다. '공부', 정말 고독하면서도 왠지 설레는 말이다. 누군가의 절절한 시 구절처럼.

황야를, 황야를 걷네, 나는 황야를 걷고 있네. 아무도 나를 사랑하는 이 없고, 그녀는 나를 더더욱 사랑하지 않고, 그래서 나는 황야를 걷네.

> '스스로 그러한' 삶에서 배운다

나는 이 계절이 되면, 어린 시절 아버지를 따라 나물과 약초를 캐러 다녔던 기억이 떠오른다. 또래들로부터 멀리 떨어진 산속에서 느꼈던 외로움과 두려움. 그때는 왜 산에 다녀야 하는지, 왜 놀지 못하고 이런 일을 해야 하는지 의아하기만 했다.

하지만 지금 돌아보면, 그 시절이야말로 내 안에 자연이 뿌리를 내리기 시작하던 시간이었다. 햇살 아래 반짝이던 이슬, 흙냄새, 바람의 결을 따라 흔들리던 나뭇잎들. 그 모든 것이 내 마음 깊은 곳에서 지금도 살아 있다.

자연은 그런 식으로 가르쳤다. 설명하지 않고, 강요하지 않으면서도 모든 걸 보여줬다.

사월 초순에서 오월 중순 사이, 지금 이 계절에 길 위에 오르면 세상은 온통 새로 태어난 생명들로 가득하다. 마른 가지 끝에서 피어난 연분홍 진달래와 그 곁에서 수줍게 고개를 내미는 제비꽃, 이름 모를 들풀과 한 줄기 햇살을 받아 더욱 환해지는 연초록 새순들.

어린 시절엔 그냥 풀이었는데, 이제는 다르다. 어떤 꽃은 오랜 기억 속 어느 봄날의 한 자락을 떠올리게 하고, 어떤 풀잎은 고개를 갸웃하게 하며 눈길을 오래 붙든다. 알고 있는 듯, 모르고 있는 듯. 그 경계에서 나는 걸음을 멈추고 망연히 바라본다.

그런 순간이면 나는 종종 그 꽃들과 풀 앞에서 나 자신을 잊는다. 일상적인 생각의 궤도에서 벗어나 말 없는 존재들과 시선만으로 교감하는 시간들. 그것은 내가 자연 속에, 자연과 더불어 '존재하고 있음'을 자각하는 순간이다.

자연. 얼마나 아름다운 말인가. '스스로 그러함', 어떤 인위나 강제도 없는 상태. 인간이 감히 흉내낼 수 없는 완전성의 결정체. 가장 훌륭한 예술작품 앞에서 사람들은 종종 '자연스럽다'라고 찬탄한다. 그 말 속에는 예술의 최고 경지를 자연의 품격에 빗대려는 무의식적 열망이 담겨 있다.

독일의 시인이자 철학자 노발리스는 소설 『푸른 꽃』에서 이렇게 말했다.

> 식물은 토양의 가장 직접적인 언어이며, 새로 돋는 잎과 꽃은 대지로부터 솟아나는 신비다.

정말 그렇다. 꽃 한 송이, 잎 하나가 단지 식물학적 대상이 아니라 '땅의 언어'이며 '숨은 신비'다. 아버지와 함께 산을 다니며 나도 조금씩 그 언어를 배웠나 보다.

나는 종종 생각한다. 이 세상에서 가장 위대한 고수는 자연일지도 모른다고. 하지만 우리는 스스로를 '만물의 영장'이라 일컫는다. 실상 자연 앞에서 인간만큼 나약하고 무지한 존재가 또 없는데도 말이다. 가장 약한 존재인 주제에 가장 위대한 존재를 파괴하고 있으니, 그것이야말로 오늘 우리가 살아가는 시대의 비극이다.

사마천은 『사기』에서 이렇게 말했다.

> 세상을 가장 잘 다스리는 방법은 자연스러움을 따르는 것이다.

이 말이 단순한 통치술이 아니라는 걸 나는 산에서 배웠다.

인간의 삶 이전에 자연이 있었다. 삶 또한 자연의 이치를 따라야 하는 것이 너무도 '자연스럽지' 않은가?

생텍쥐페리는 『성채』에서 말한다.

아무도 다만 한 사람의 영혼도 결코 알게 되지 못할 것이며, 각자의 비밀에는 침범되지 않은 평야와 적막한 협곡과 우람한 산과 감추어진 정원이 있는 내심의 경치가 있다.

이처럼 인간에게도 숲이 있다. 그리고 자연의 숲과 마음의 숲은 닮아 있다. 봄날의 숲을 걸을 때 우리가 느끼는 감흥은, 바로 우리 내면의 정원이 함께 깨어나기 때문인지도 모른다.

지금 이 계절, 깊은 산에는 두릅이 돋고, 고비가 푸른 혀를 내밀고, 더덕의 싹이 흙을 밀어 올린다. 운이 좋으면 천마의 붉은 꽃이 피는 장면도 목격할 수 있다. 이름 없는 존재들이 뿌리로부터 올라와 그 찰나의 봄을 태우며 피어난다.

   아무도 보지 않더라도, 아무도 찬탄하지 않더라도, 자연은 자연답게 피고 진다. 그 겸허하고도 거룩한 생의 방식이야말로 우리가 본받아야 할 진짜 공부다.

> 불안을 위해, 읽다

우리는 일하며 잠시 평온한 휴식의 순간을 갈망한다. 하지만 직장과 가사를 마치고 조금 놀고 나면 잘 시간조차 아무래도 부족하다. 그런 하루를 보내고 나면 문득 스스로에게 묻게 된다.

나는 지금 잘 살고 있는 것일까? 아니면 그저 하루하루를 견디며 살아내고 있을 뿐인가?

그 질문이 찾아올 때, 마음은 불안의 기류에 흔들린다. 일상의 부조화 속에서, 어느 틈인가 삶은 나를 초월해 어디론가 달려가고 있다. 나는 이 삶의 중심에 있는가, 아니면 그저 끌려가고 있는가.

이런 불안은 나만의 것이 아니다. 영국 시인 헨리 본은 탄식했다. "주여, 왜 이렇듯 인간은 분주하고 불안한 존재로 만드셨습니까?" 그는 묻는다. 지구는 조용히 돌고, 별은 고요히 빛나는데 왜 인간은 이토록 끝없이 시달리고 흔들려야 할까?

세계는 마치 한 폭의 파노라마처럼 펼쳐진다. 때로는 햇살이 가득한 들판처럼 평화롭다가 어느새 비구름이 몰려와 한꺼번에 쏟아붓는다. 나뿐만이 아닌 내가 속한 공동체, 내가 벗어날 수 없는 나라와 인류라는 이름의 전체가 모두 흔들리고 있다.

그럴 때 나는 책을 집어든다. 다른 사람은 그런 인간적인 순간을 어떻게 견뎠을까 궁금해서. 나보다 더 깊은 절망을 겪었던 사람들은 어떻게 그 어둠을 통과했을까 알고 싶어서. 나는 책을 펼쳐 읽으며, 고전에 적힌 옛 선배들의 몇 가지 방책들을 눈여겨본다.

먼저, 호라티우스는 『서한집』에서 이렇게 말한다.

모든 일을 손쉽게 처리하는 방법은 현자의 글을 읽고, 석학에게 배우는 것. 탐욕도, 불안도, 무익한 기대도, 그대를 이제 괴롭히지 않으리니.

정말 그럴까? 처음엔 반신반의할 수밖에 없다. 책 한 권으로 불안이 사라진다면 세상에 불안한 사람이 어디 있겠는가. 하지만 내용을 곱씹어 보면, 호라티우스의 제안은 우리가 흔히 생각하는 불안 대처법과는 조금 다르다. 그것은 불안이 사라지는 마법을 제시하는 것이 아니라, '불안과 함께 사는 법'을 배우라는 이야기다.

에밀 아자르[7]의 『자기 앞의 생』에서 자노가 하는 말이 이윽고 내 마음을 정확히 찌른다.

> 무력감이라는 게 진정 어떤 것인 줄 알아? 세계 곳곳에서 서서히 사라져 가고 있는 현상들을 보면서도 아무것도 할 수 없을 때 느끼는 감정 말이야. 그게 바로 불안이야.

맞다. 내가 아무리 의지를 다져도, 내 손이 닿지 않는 일들이 세상에는 너무도 많다. 무력감은 그런 자리에서 찾아온다. 도울 수 없다는 절망, 바꿀 수 없다는 체념, 말조차 잇지 못하는 침묵.

하지만 자노는 그럼에도 말한다.

> 아무라도 좋으니, 고통받는 사람들 중 단 한 사람이라도 도울 수 있다면 나는 나 자신을 바칠 거라네. 그러면 무력감이 조금은 사라지지.

---

7   Émile Ajar. 로맹 가리 Romain Gary(1914~1980)의 필명

그렇다. 모든 걸 바꿀 수는 없다. 우리는 신이 아니니까. 하지만 작은 한 가지라도 할 수 있다면, 그 작은 실천이 거대한 무력감을 조금씩 덜어줄 수 있다면, 나쁜 감정에 휘말리지 않을 수 있다는 것이 에밀 아자르의 통찰이다.

버트런드 러셀의 이야기 역시 위안이 된다.

> 나는 자유의 세계로 통하는 길을 믿었다. 그리고 행복한 인간의 삶은 그것을 실현하기에는 너무 짧다고 생각해 왔는지도 모른다. 그러나 그것이 가능하다고 믿는 것이 잘못이라 생각하지 않는다.

그는 계속 말한다.

> 나는 고귀한 것, 아름다운 것, 우아한 것에 대한 관심을 추구해왔다. 또 사회가 좀 더 창조적으로 변모하기를, 사람들이 보다 자유롭게 살아가기를, 증오와 탐욕과 질투가 사멸되기를 꿈꾸어 왔다.

이 얼마나 고요하면서도 단단한 이상인가. 러셀의 꿈은 완전히 실현되지 않는다. 하지만 그가 그 꿈을 포기하지 않았다는 사실 자체가 독자들에게는 희망이다. 나 혼자 바꿀 수 없는 세상이지만, 아름다움을 믿는 마음만큼은 포기하지 말자고 다짐하게 된다.

독서가 내 불안을 완전히 없애주지는 않았다. 지금도 나는 불안하다. 내일 일도 모르겠고, 내년 일은 더욱 알 수 없다. 세상도 여전히 흔들리고, 내 마음도 자주 동요한다.

하지만 책은 나에게 다른 것을 가르쳐 주었다. 불안과 함께 사는 법을. 불안해도 괜찮다는 것을. 모든 걸 통제할 수 없어도 괜찮다는 것을. 작은 실천이라도 의미 있다는 것을.

그리고 무엇보다, 나 혼자 이런 감정을 겪는 게 아니라는 것을. 수많은 사람들이 비슷한 불안을 겪으며 살아왔고, 그들 중 일부는 그 불안을 지혜와 함께 영원한 인류적 소망으로 승화시켰다는 것을.

불안할 때면 여전히 나는 책을 집어들어 펼친다. 그리고 조금씩 고요를 되찾는다. 세상이 흔들릴 때, 책 속에서 바람보다 오래된 지혜를 만난다. 그 지혜가 불안 속에서도 살아갈 힘을 준다.

어쩌면 그것으로 충분한지도 모른다. 완전한 평온은 아니더라도, 불안과 함께 걸어갈 수 있는 작은 용기. 그것만으로도 하루를 견딜 만하다.

아버지의 침묵이 가르쳐 준 것

한 사람의 삶에는 수많은 길이 있다. 그러나 때때로 사람은 스스로 그 모든 길에서 벗어나 걷기를 선택한다. 어쩌면 걷는다는 것은 방황이자 수련이고, 떠남이자 돌아옴이며, 부정이자 긍정일지도 모른다.

어린 시절, 열다섯 살의 나는 세상에 대한 환멸을 품고 있었다. 도무지 삶이란 게 무엇인지 알 수 없었고, 그 무지의 늪에서 허우적대던 나는 불현듯 출가를 결심했다. 절에 들어갔다. 그러나 머무르지 못했다. 뜻은 깊었으나 마음은 너무 가벼웠고, 몸은 절집의 무게를 감당할 준비가 되어 있지 않았다. 결국 나는 눈물을 삼키며 하산했고, 이후로는 발길 닿는 대로 떠돌았다.

그렇게 방황하던 나날들, 나는 다시 아버지를 떠올렸다. 살고 있던 임실에서 고향으로 이어지는 오솔길을, 고갯길을 수없이 오르내리며 걷던 그 길을. 산속을 헤매며 약초를 캐던 그 시절, 나는 아버지와 거의 말을 섞지 않았다. 아버지는 침묵했고, 나도 말이 없었다.

그런데 지금 생각해보니, 그 침묵이 곧 말이었다. 두 사람 사이에 흐르는 공기가 곧 메시지였고, 걸음이 곧 교육이었다. 아버지는 내게 이렇게 말하고 있었던 것이다. '너의 삶은 네가 걸어야 한다. 말보다 더 중요한 건 네 발걸음이다.'

그 묵언의 산행이 내 삶의 토대가 되었다.

그 시절, 나는 암울한 절망에 갇혀 있었고, 오직 걷는 것만이 내가 할 수 있는 일이었다. 산은 크고 깊었다. 물소리, 바람 소리, 새소리만이 가득한 그 적막한 산길에서 나는 문득문득 이런 생각을 했다. '이 산에서 나는 언제쯤 벗어날 수 있을까?', '내가 내 속에서 어떻게 하면 벗어날 수 있을까?'

그 답은 오래도록 오지 않았다. 하지만 지금 돌아보면, 그 오지 않던 시간들이 내게는 가장 귀한 밑거름이었다. 그때 흘린 눈물과 내쉬던 한숨은 바람이 되고, 안개의 물결이 되어 흩어졌지만, 결국 내 안에 소금이 되었고, 밀알이 되어 뿌리내렸다. 걷고 또 걸었던 길의 기억이 마침내 내게로 돌아와 나를 사람으로 빚어주었다.

삶에는 허황한 꿈보다 발에 맞는 신발이 필요하다. 그 시절 나는 문득문득 글을 써야겠다는 생각을 했다. 내가 본 것을 기록하고, 내가 느낀 것을 말하고, 내가 바라는 세상을 나의 방식으로 조금이라도 바꿔보고 싶었다. 그래서 시작한 것이 문화운동이었다. 처음엔 나조차 그 일이 어떤 의미를 갖는지 알지 못했다. 그러나 그것은 더도 덜도 아닌 나의 소망이었기에, 지치지 않고 몇십 년을 걸어갈 수 있었다.

문화운동은 단순한 활동이 아니었다. 그것은 걷기였다. 진정한 공부였고, 내 삶의 방식이었다. 나는 책과 길 위에서 세상을 배웠다. 그리고 그 길에서 내 인생을 다 살았다.

중국의 문인 진계유는 이렇게 썼다.

세상 사람들은 공명만을 꿈꾸고 생산에만 힘쓰면서도 스스로 바른 길을 걷고 있다고 믿는다. 하늘과 땅 사이의 저 좋은 바람과 달, 산과 물, 그 많은 책에 대해서는 조금도 관심을 두지 않으니, 어찌 일생을 헛되이 낭비함이 아니랴.

나는 이 말에 전적으로 공감한다. 우리는 너무도 많은 것을 소유하려고 애쓴다. 그러나 정작 중요한 것은, 삶을 어떻게 느끼고 살아가느냐는 것이다. 아버지가 침묵으로 가르쳐 준 것도 바로 그런 것이 아니었을까.

미국의 사상가 헨리 데이비드 소로는 『월든』에서 이렇게 적었다.

> 나는 삶을 더 풍부하게 살기 위해 숲으로 들어갔다. 죽을 때 내가 헛되이 살았다는 것을 깨닫고 싶지 않았다.

그의 또 다른 일기에는 이런 말이 남겨져 있다.

> 아이야, 마음에 깊이 새겨 절대로 잊지 말아야 한다. 지금 네가 걷고 있는 삶보다 더 높은 단계의 삶이 있다. 그 길은 멀고 험하지만, 네 인생을 모두 바쳐서라도 꼭 도달해야 할 소중한 길임을 잊어선 안 된다.

나는 이 문장을 처음 읽었을 때, 마치 내 아버지가 내게 남긴 말처럼 느껴졌다. 아버지는 당신의 고난에 찬 생애와는 다른 삶을 살라고, 말 없는 방식으로 나를 이끌었던 것이 아닐까. 소로의 말이 곧 아버지의 침묵 속에 감춰진 뜻이었다.

지금 나는 다시 걷는다. 오늘도 섬진강을 따라 걸을 예정이다. 강바람을 맞으며 천천히, 휘적휘적. 내 발걸음은 세상의 중심이 아니라 가장자리를 향한다. 삶은 본래 그렇게 주변을 살피며 살아야 더 깊고 넓어진다.

　나는 언젠가 이 길 끝에서 다시 아버지를 만날 것이다. 그때 나는 이렇게 말할 것이다. "아버지, 당신이 남긴 침묵의 걸음을, 제가 이만큼 걸어왔습니다."

야매의 품격

얼마 전, 지인이 전해준 말 한마디가 마음속을 오래도록 맴돌았다. 그는 우연히 나를 아는 어느 선배와 대화를 나누다 '우리 땅 걷기' 이야기가 나오자, 그 선배라는 사람이 나를 두고 대뜸 "아, 그 사람? 야매로 공부한 사람이잖아"라고 했단다. 지인은 그냥 웃어넘기고 말았다고 했지만, 그 말을 전해 들은 나는 웃지 못했다. 그 짧은 말 속에 무심한 판단과 어딘가 묘한 멸시가 들어있었기 때문이다.

'야매'라니. 국어사전에도 오르지 않은 이 말은 일본어 야미야미(闇), 즉 '암거래'를 뜻하는 말에서 유래한 것으로 알려져 있다. 그렇다면 '야매로 공부했다'는 말은 무엇을 의미하는가? 내가 알량한 지식을 얻기 위해 누구와 부정한 거래라도 했다는 뜻인가? 혹은 정당하지 않은 방식으로 배움을 훔쳤다는 비난인가?

그 말을 곱씹다가 문득 떠오른 단어가 있다. 바로 '시숙私淑'. 직접 스승의 문하에 들지는 않았지만, 멀리서 존경하며 그 뜻을 좇아 배우는 공부의 방식. '사'는 은밀함이고, '숙'은 어진 이의 도를 따름이다. 그렇다면 나는 야매가 아니라, 어쩌면 고전적인 사숙의 전형에 더 가까운 사람인지도 모른다.

내게 사숙의 대상이 된 이들은 대부분 이미 이 세상 사람이 아니었기에, 직접 가르침을 청할 수도 없었다. 초등학교 2학년 무렵, 처음으로 내 영혼을 뒤흔든 이는 매월당 김시습이었다. 그때부터 나는 줄곧 이름도, 얼굴도, 시대도 다른 수많은 스승들과 마음속에서 조용히 대화를 이어왔다. 니체, 괴테, 도스토옙스키, 앙드레 지드, 카프카, 사르트르, 카뮈, 공자, 맹자, 소크라테스, 에픽테토스, 키케로…. 수많은 이름 없는 스승들이 내 마음속에 찾아와 조용히 등을 두드렸다.

나는 그들을 읽고, 생각하고, 걷고, 사유했다. 책이라는 강을 건너며, 산천의 바람을 맞으며, 나는 그들과 함께 '배움'이라는 길 위에 있었다. 만약 내가 진정 '야매'의 길을 걸었다면, 그건 정규 교실 대신 자연을 교실로 삼았고, 시험 대신 생을 교재로 삼았기 때문일 것이다.

하지만 나는 되묻고 싶다. 나의 스승들은 모두 정규교육을 받았던가?

그렇지 않다. 조선 철학의 거두들은 정규 기관에 속하지 않고도 누구보다 깊은 학문을 이루었다. 서경덕과 이언적, 심지어 퇴계 이황마저 그랬다.

> 어려서부터 학문에 뜻을 두었으나, 뜻을 깨우쳐 줄 스승이 없어서 수십 년 동안 헤매었다. 어디서부터 시작해야 할지 몰라 헛되이 마음만 아팠고, 사색을 하며 때로는 눕지도 않고 밤을 새우기를 여러 날 하다 보니 병을 얻어 여러 해 동안 학문을 중단하기도 했다.[8]

서양에서도 장자크 루소, 허먼 멜빌, 헤르만 헤세 같은 이들은 애초에 대학과는 거리가 멀거나 그 문턱을 넘지 못한 인물이었다. 그러나 그들이 남긴 사유는 인류의 정신사를 이끌어 왔다.

가장 인상적인 사례는 영국의 철학자 허버트 스펜서 Herbert Spencer다. 그는 철저한 독학자였다. 정규교육이라고는 사촌 백부에게 3년 정도 배운 것이 전부였다. 그조차도 도망쳤다가 며칠간 굶주린 끝에 다시 돌아갔다는 일화가 있다. 그가 거기서 무엇을 배웠는지는 알려진 바 없고, 심지어 그는 『일리아스』는 여섯 권을 읽고 포기했다고 자서전[9]에서 솔직히 고백했다. 끝까지 읽느니 차라리 책값을 날리는 편이

---

8   이황, 『퇴계집』

낫다고도 했다.

그는 철도와 교량을 측량하며 생계를 이어갔고, 설계사로, 기사로 일하면서 틈틈이 읽고 쓰고 관찰했다. 그가 쓴 『종합철학체계』[10]는 무려 10권에 달한다. 그 방대한 철학 체계를 그는 어디서 배웠을까? 그는 대부분 독서보다 관찰에서 배웠다고 했다.

그는 고독했고, 우체국도 믿지 않아 원고를 직접 인쇄소에 들고 다니며, 묵묵히 자신의 길을 걸었다. 정규교육의 모범인 존 스튜어트 밀과 대비되는 삶이었다. 추상 속에서 방황했고 인간성에 서툴렀지만, 그 모든 서투름마저도 그의 철학 일부였다.

그런 그를 보며 나는 다시 묻게 된다. 야매란 무엇인가? 누가 '공식'이고, 누가 '비공식'인가? 공식 교육이란 무엇인가? 그것은 남들이 깔아놓은 철로를 따라 걸어가는 일이다. 그러나 철로는 아름답지만 동시에 유일한 단 하나의 방향만을 강요한다. 비가 오면 흔들리고, 눈보라가 치면 멈춰 서야 한다. 그 길은 때로는 안전하지만, 때로는 너무 좁다.

내가 걸어온 길은 그런 철로와는 거리가 멀었다. 남이 닦아놓은 길이 아니라, 돌부리를 피해 걷고, 수풀을 헤치며 나아가는 길이었다.

---

9   허버트 스펜서, 『An Autobiography of Herbert Spencer』(1904)
10 허버트 스펜서, 『The Synthetic Philosophy』

그러다 보면 어느 날은 멀리 돌아가기도 하고, 어느 날은 엉뚱한 데서 길을 잃기도 했다. 그러나 그 속에서 만난 배움은 궤도 위에서 얻을 수 없는 '체온이 스며 있는 지식'이었다.

니체는 인간은 경험한 것만큼만 쓸 수 있다고 했다. 배움은 머리에만 쌓이는 것이 아니다. 몸으로 겪고, 가슴으로 울고, 손발로 땀 흘리며 얻는 것만이 진짜 앎이 된다. 내가 걸어온 길이 야매였다면, 그건 남의 교실 대신 산과 들을 교실로 삼았기 때문이다. 그 속에서 만난 수많은 철학자들과 작가들이 내게 물었다. '너는 누구인가?' 그 질문에 대답하려 나는 계속 걸었고, 계속 읽었고, 계속 사유했다.

마르크스는 말했다. "칭찬을 받고 싶다는 유혹에 빠지지 말고, 모욕을 당했다고 괴로워 움츠러들지 말고, 자신이 스스로에 대해 알고 있는 것에서 출발하라." 그리고 "다른 사람들이 나를 경멸하는가? 경멸하라고 해라. 나는 경멸받을 행동이나 말을 하지 않도록 조심할 뿐이다"라고 덧붙였다.

나는 성공하려고 이 길을 택한 것이 아니다. 스펜서의 말처럼, "나는 성공할 생각은 하지 않았다. 성공에 고생할 만한 보람이 있다고 생각하지 않았다." 그저 나라는 존재가 이 세상에 폐를 끼치지 않고, 조금이라도 도움이 되는 존재로 살아가고 싶었을 뿐이다.

배움은 제도에 갇힌 것이 아니라, 존재의 근원에서 솟아나는 것이어야 한다. 그 길은 누구에게는 정규일 수도 있고, 또 누구에게는 야매일 수도 있다. 그러나 중요한 것은 그 길을 얼마나 뜨겁게, 얼마나 진실하게 걸었는가이다.

나는 오늘도 나만의 길을 걷는다.

아무도 깔아주지 않은 흙길, 바람 부는 길, 나뭇잎이 바스락거리는 길. 그 길 위에서 나는 나의 선생들을 만나고, 나를 만난다. 그것이 내가 선택한, 야매의 품격이다.

자유로운 삶에 대하여

나는 오랫동안 자유가 무엇인지 몰랐다. 아니, 알 수 없었다. 이 세상에 태어나 스스로의 의지대로, 자신이 원하는 삶을 살아가는 것이 자유라고 막연히 생각했을 뿐이다.

진짜 자유의 의미를 깨달은 것은 그것을 완전히 잃었을 때였다. 1981년, 안기부 지하실에서 간첩 혐의로 고문을 받으며 버틴 그 시간. 그리고 군대에서 보낸 33개월 15일. 그때는 자유란 단어조차 꺼내기 어려운 절망의 터널이었다.

그 속에서 하이네의 한 구절을 읽었다.

겨울을 살아보아야 봄을 알 수 있는 것처럼, 감옥에 갇혀보아야 진정한 자유의 가치를 알 수 있다.

그렇다. 자유를 잃어보지 않은 사람은 자유의 소중함을 모른다. 바로 곁에 있을 때는 물처럼 그 귀함을 모른다. 그러나 그것이 사라졌을 때, 우리는 그 한 모금 없이는 살아갈 수 없는 존재였음을 절감하게 된다.

감금은 바깥의 삶을 어지간히도 꿈꾸게 만든다. 가장 내 가슴에 와 닿았던 것은 니체의 말이었다.

모든 인간은 자유인과 노예로 나뉜다. 하루의 3분의 2를 자신을 위해 쓰지 못하는 사람은 노예다.

우리는 때때로 대통령이나 국회의원 같은 고위직에 오른 사람들을 부러워한다. 하지만 그들의 하루를 들여다보면 고개가 끄덕여지지 않는다. 정해진 시간에 일어나, 누구를 만나고, 어디에 가고, 무엇을 말하고, 누군가와 식사하고, 또 어디로 향해야 한다. 모든 동선은 비서실의 스케줄에 따라 움직인다. 그들은 일정을 수행하는 꼭두각시에 불과하다. 니체는 덧붙여 말했다.

그렇게 사용한 시간을 과연 적절한 사용이라 할 수 있는가? 그들은

> 죽기 직전에서야 자신의 인생을 얼마나 낭비했는지 깨닫고 후회할 것이다.

그 이후 나는 올곧이 자유를 추구하며 살았다. 그 덕택이랄까, 타인의 눈에 비친 내 삶은 꽤 자유로워 보일 것이다. 이 나이까지 출근 시간도 없고 규정된 복장도 없다. 넥타이를 매지 않고, 정장 대신 편한 옷차림으로 강연을 다니고, 글을 쓰며, 걷는다. 겉으로 보기에 나는 자유인이다.

그러나 이제 와서 고백하자면, 그 자유의 이면은 또 엄혹하다. 급여가 없다는 것, 매달 반복되는 생계의 압박, 글을 쓰지 않으면, 사람을 만나지 않으면, 방송이나 강연에 나서지 않으면 당장 입에 거미줄이 쳐질 수도 있다는 불안. 그것이 내가 누리는 자유의 대가다. 괴테가 한 말이 떠오르지 않는가.

> 자유란 오묘한 것이어서, 스스로 충분함을 알고 분수를 지킬 줄 안다면 누구라도 쉽게 자유로워질 수 있다.

언뜻 자유를 누리는 것이 쉬운 듯 이야기하지만, 여기에는 은근한 함정이 있다. 스스로 충분함을 알고 분수를 지킬 줄 아는 것이 오히려 구속당하는 자에게 필요한 인내심보다 어려운 법이라는 사실을 괴테는 슬쩍 암시하는 것이다.

신라의 고승 원효는 삶의 모든 구속에서 벗어나 '무애無碍'의 철학을 실천했다. 그의 '무애춤'은 형식도 격식도 없이, 슬픔과 기쁨을 그대로 드러내며 팔을 휘젓고, 다리를 들고, 등을 굽히고 고개를 흔들며 추는 춤이었다.

  내면의 자유, 정신의 자유, 존재 자체의 자유. 어디에도 걸림 없이, 아무것도 얽매이지 않고, 마음 가는 대로 살아가는 진정한 자유의 표상이다. 춤은 단순한 몸짓이 아니라 존재의 선언이다. 그런 자유를 누리려면 갖고 있는 것을 모두 버려야 한다. 하지만 나는 여전히 생계의 압박을 고민하고, 사람들과의 관계에서 오는 제약도 신경 쓴다. 그러니 자유를 한껏 추구했음에도, 나는 지금도 완전한 자유인이라고 하기에는 영 부족하다는 것을 고백할 수밖에 없다.

값과 값어치 사이

공자의 제자 원헌原憲은 쑥대로 짠 문을 단 초라한 집에 살면서도, 늘 정좌하고 거문고를 타며 노래를 불렀다. 외양은 누추했지만, 마음은 늘 고요하고 단정했다. 어느 날, 출세한 자공子貢이 좋은 옷을 입고 수레와 말을 타고 찾아온다. 원헌의 허름한 모습을 보고는 안타까운 마음에 "자네에게 무슨 병이라도 있는가?"라고 묻는다. 이에 원헌은 한 치의 흔들림도 없이 대답한다.

> 재물이 없는 것을 가난이라 하고, 배운 것을 실행하지 못하는 것을 병이라 하네. 나는 지금 가난한 것이지, 병에 걸린 것은 아니라네.

이 말을 들은 자공은 부끄러움을 감추지 못했다.

이 짧은 일화는 『장자』「양왕편讓王篇」에 실려있다. 고대의 스승들은 이미 알고 있었다. 진정한 결핍은 외적인 가난이 아니라, 배움을 삶에 녹여내지 못하는 내적인 나태임을. 한때는 가난을 부끄러워하지 않는 이들이 있었다. 오히려 그 시절을 정직하고 떳떳하게 여기는 사람들이 있었다. 그러나 오늘날에는 나는 옛날에 가난했다고는 말해도 나는 지금도 가난하다고 자랑스럽게 말하는 사람은 보기 어렵다. 그만큼 가난은 지금, 가장 지독한 무능의 낙인이 되어버렸다.

어쩌면 그 이유는 단순하다. 이 시대는 모든 것을 '가격'으로 환산한다. 인간의 꿈과 생각, 예술과 시간까지도 돈으로 계산된다. 돈은 단순한 도구가 아니라, 존재의 값어치를 결정하는 무언가가 되어버렸다.

세네카는 이렇게 말했다.

가난하지만 만족을 아는 사람은 진정한 부자이며, 부자라도 가난해질까 봐 두려운 사람은 마른 나무와 같다.

이 얼마나 통찰력 있는 말인가. 하지만 이 말을 실천하려는 사람은 드물다.

우리는 만족할 줄 알기보다, 끊임없이 비교하고 초조해하며 살아간다. 상대적 빈곤은 이제 물질의 문제가 아니라 정서의 문제로 번졌고, 삶의 중심을 허물어뜨리고 있다. 그 결과, 사람들은 가난을 병처럼 여긴다. 그리고 그 병은 숨기고 싶은 결핍이 되어, 스스로를 옭아맨다.

요즘 아이들의 장래 희망을 물으면, 많은 아이들이 '유튜버,' '연예인', '스포츠 스타' 등을 꼽는다. 이유는 단 하나, 돈을 잘 벌 수 있기 때문이다. 가슴이 답답해져 오는 일이지만 그래도 그것 또한 하나의 직업이고 노력이 따라야 하는 일이니 '건물주'라는 대답보다는 낫다. 어쨌든, 직업의 본질이나 사회적 의미보다는 수입의 크기가 꿈의 크기를 결정한다. 꿈마저도 자본의 관점으로 줄 세워진 것이다.

우리는 한때 "훌륭한 과학자가 되고 싶다", "아픈 사람을 돌봐주는 간호사가 되고 싶다"라고 대답했던 아이들이 있었음을 알고 있다.

송나라의 조계인趙季仁은 좋은 사람을 만나고, 좋은 글을 읽고, 수려한 산과 물을 보는 게, 평생 간직한 세 가지 소원이라고 했다. 선조 때 문장가 이수광 또한 『지봉유설』에서 비슷한 소망을 적었다. "나는 이 세상에서 좋은 사람이 되기를, 좋은 일을 하기를, 좋은 경치를 보기를 원한다." 이 두 사람의 말에는 공통점이 있다. 사람, 글, 자연. 즉 인간다움과 배움, 그리고 자연의 조화 속에 자신의 삶을 두고자 했던 바람이다.

그러나 지금 우리는 어떤가? 좋은 사람이 되려는 마음보다, 유능한 사람이 되기를 원하고, 좋은 글을 읽는 대신 빠르고 유용한 정보를 선호하며, 경치를 즐기기보다 사진을 남기기 바쁘다. 삶의 태도 자체가 바뀌었다. 그리고 그 변화 뒤에는 늘, 돈의 그림자가 어른거린다.

도스토옙스키는 『가난한 사람들』에서 이렇게 썼다.

돈을 가진 자는 가난한 자의 비참한 호소를 듣기 싫어한다.

가난은 이 시대에서 점점 말하기 힘든 단어가 되었다. 그 고통은 쉽게 공감되지 않고, 그 목소리는 쉽게 무시된다. 그러나 나는 가난이야말로 삶을 가장 깊이 이해할 수 있는 학교라고 생각한다.

가난은 타인의 고통에 민감하게 만든다. 가난은 사소한 것에 감사하는 법을 가르쳐 준다. 가난은 자신을 돌아보게 하고, 삶을 다르게 바라보게 만든다. 화려한 교육환경보다, 부족한 속에서 끈질기게 배움을 붙든 사람에게서 우리는 더 깊은 사유를 본다. 책상 위가 아닌 삶의 바닥에서 공부한 사람들은, 아는 것을 넘어서 그것을 실천하는 법을 배운 사람들이다.

원헌은 배운 것을 실행하지 못하는 것이야말로 병이라고 했다. 오늘날 우리는 수많은 책을 읽고, 강의를 듣고, 이런저런 자격을 취득한다. 그러나 정작 그 앎이 우리의 삶을 어떻게 바꾸었는지는 묻지 않는다. 지식은 넘치나 지혜는 드물고, 기억은 많으나 실천은 희미하다.

거듭 말하거니와 공부는 눈으로 하는 것이 아니라, 몸으로 해야 한다. 배움은 입으로 옮기는 것이 아니라, 손과 발로, 행동으로 이어져야 한다. 우리는 책상 위에서만 너무 많은 것을 배운 시대를 살고 있다.
    이제는 질문을 바꿔야 한다. '나는 얼마나 배웠는가?'에서 '나는 무엇을 배웠는가?'로. 그때야말로 진정한 배움의 시간이 시작될 것이다.

주어진 씨앗

성격은 타고나는 것인가, 길러지는 것인가? 이 질문은 수천 년 동안 철학자들을 괴롭혀 왔다.

장자크 루소는 인간이 각자 고유한 기질과 성격을 지니고 태어난다고 보았다. 그는 인간의 성격을 타고나는 기질로 여겼다. 하지만 그 기질은 외부의 강요로 바꿀 수 있는 것이 아니라, 각자가 스스로 완성해 나가야 하는 것이라고 강조했다. 성격이란 주어진 씨앗이지만, 어떻게 자라날지는 환경과 선택의 몫이라는 것이다.

반면 마키아벨리는 전혀 다른 시각을 보여준다. 그는 『사론史論』에서 인간의 본성을 비뚤어진 것으로 보았다. 인간은 본래 사악한 성향을 지니고 있으며, 자유롭게 행동할 수 있는 조건만 갖춰지면 언제든 그 사악함을 드러낸다고 생각했다. 통제와 감시가 없다면 인간은 쉽게 본성의 어두운 구석을 발휘하고 말리라는 것이다.

누가 옳을까? 루소처럼 인간의 성격이 선천적으로 주어진 것일까, 아니면 마키아벨리처럼 환경과 통제에 의해 만들어지는 것일까?

나는 성격이 변할 수 있다고 믿는다. 독일 철학자 프리드리히 니체에게서 그 증거를 찾는다. 어린 시절 니체는 지극히 모범적이고 규칙을 중시하는 아이였다. 일찍 아버지를 여의고, 어머니와 누이동생 틈에서 자란 그는 목사였던 아버지 덕에 '애기 목사'라는 별명을 얻었고, 성경을 줄줄 외울 만큼 기억력이 뛰어났다.

누이 엘리자베트가 전하는 일화를 보자. 갑작스럽게 폭우가 쏟아지던 하굣길에 아이들은 우르르 달려 집으로 돌아갔으나 니체는 모자를 돌 밑에 감추고 작은 손수건으로 덮어두고는 비에 흠뻑 젖은 채 천천히 걸어왔다. 누이가 나무라자 니체는 말했다.

학교 규칙에 따르면 어린이는 깡충깡충 뛰거나 달려서는 안 되고, 조용하고 단정하게 걸어야 해요.

규칙과 질서를 중시하는 성향, 그것이 바로 어린 시절 니체의 성격이었다. 경건하고 순종적이며, 기독교적 가치를 철저히 내면화한 모범생이었다.

   그런데 성인이 된 니체는 어떤 모습이었을까? 그는 "신은 죽었다"고 선언하며 기독교를 정면으로 비판했다. 기존의 모든 가치를 의심하고 부수려 했다. 어린 시절의 순종적이고 경건한 모습과는 정반대였다. 전통적 규칙에 얽매였던 아이가 규칙을 거부하는 철학자가 된 것이다.

   이것이 우연일까? 니체의 변화는 성격이 고정된 것이 아니라 변화 가능한 것임을 보여주는 극적인 사례가 아닐까 한다. 물론 완전히 다른 사람이 된 것은 아니다. 어린 시절의 진지함과 철저함은 그대로 남아 있었다. 다만 그 대상이 바뀐 것이다. 기독교적 가치를 철저히 따르던 진지함이, 기존 가치를 철저히 파괴하는 진지함으로 바뀐 것이다.

멀리 갈 것도 없이, 나 역시 성격이 변모한 사례다. 어린 시절 나는 지극히 조용하고 순종적인 아이였다. 내 의견을 쉽게 꺼내지 못하고, 내색 없이 감정을 꾹꾹 눌러 삼키던 시절이었다. 그저 그렇게 사는 것이 당연한 줄 알았다.

   하지만 세월이 흐르면서 조금씩 변했다. 글을 쓰고 사람을 만나며 때로는 내 생각을 말하는 법도 배웠다. 완전히 다른 사람이 된 것은 아니지만, 내 안의 다른 면들을 발견하고 키워나갔다. 조용함은 여전하지만, 그 조용함 속에서 더 깊이 생각하고 더 진실하게 표현하는 법을 배웠다.

성격이란 게 그렇다. 그것은 정해진 틀 속에 갇혀 있는 것이 아니라, 조금씩 변주되는 음악처럼 흐르는 것이다. 기본 선율은 유지되더라도, 그 위에 새로운 화음이 더해진다.

그렇다면 이런 성격의 발견과 변화는 공부와 무슨 관계가 있을까? 니체는 말했다.

너 자신이 되어라.

이미 완성된 자신이 되라는 뜻이 아니다. 끊임없이 자신을 발견하고 만들어가라는 뜻이다.

성격을 이해한다는 것은 자기 자신을 이해하는 일이다. 자신이 어떤 상황에 어떻게 반응하는지를 아는 것, 어떤 감정이 반복되는지를 아는 것, 그 패턴을 알아차리는 것이 곧 성찰이다.

그리고 그 성찰을 바탕으로 자신을 조금씩 바꿔나가는 것, 더 나은 사람이 되기 위해 노력하는 것이 곧 성장이다. 니체가 어린 시절의 순종에서 성인의 비판 정신으로 성장한 것처럼, 우리도 끊임없이 자신을 발견하고 발전시켜 나갈 수 있는 것이다.

자신의 성격을 알아차리고, 그 장점은 더욱 키우고, 단점은 보완해

나가는 것. 그리고 끊임없이 새로운 가능성을 탐색하는 것. 이것이야 말로 평생에 걸쳐 해야 할 가장 중요한 공부가 아닐까.

> 길을 잃어야 길을 찾는다

오늘도 그랬다. 서해안 길을 걷는 도반들과 함께 낯선 길을 걸었다. 지도에는 분명히 길이 표시되어 있었는데, 막상 가보니 길이 없었다. 나이 든 마을 주민에게 물어보니 "그쪽으론 길이 없어요"라고 손사래를 쳤다.

그래도 우리는 포기하지 않았다. 유격장에서나 있을 법한 바위 숲을 기어오르며 바닷가를 헤맸다. 가시덤불에 옷이 찢어지고, 발목이 삐끗하기도 했다. 두 시간을 헤맨 끝에 결국 돌아올 수밖에 없었다.

"아니, 왜 고생을 사서 하세요?" 누군가는 그렇게 말할지도 모른다. 하지만 나는 그 돌아섬조차 배움이라 여긴다.

오랫동안 길에서 배운 가장 큰 교훈은 '인생은 가다가 돌아오는 일의 연속이다'라는 것이다. 나는 길을 걷다가 자주 길을 잃는다. 그러나 그때마다 스스로 되뇐다. "길에서 길을 잃어야 새로운 길을 찾는다."

길을 잃지 않기 위해 아예 길을 나서지 않는 사람들이 너무도 많다. 또 한 번 길을 나섰다 해도, 중간에 그만두는 사람도 허다하다. 하지만 진짜 길은 돌아가는 길에서 찾아진다.

왜 우리는 돌아서는 것을 실패라고 생각할까? 목적지에 도달하지 못했다고 해서 그 여정이 무의미한 것일까?

명나라 때의 유학자 왕심재王心齋는 배움의 기쁨을 노래한 『낙학가樂學歌』에서 이렇게 말했다.

> 배움이란 이 즐거움을 배우는 것이고, 즐거움이란 이 배움을 즐기는 것이다. 즐겁지 않으면 그것은 배움이 아니며, 배우지 않으면 그것은 즐거움이 아니다.

왕심재에게 배움은 결과가 아니라 과정이었다. 목적지에 도달하는 것이 아니라, 그 길을 걷는 자체가 즐거움이고 배움이었다. 그렇다면 돌아서는 것도 배움이 아닐까?

인생을 돌아보면 정말 그렇다. 내가 가장 많이 배운 순간들은 계획대로 되지 않았을 때였다. 목표했던 곳에 도달하지 못하고 돌아설 수밖에 없었을 때, 실패했다고 생각했을 때, 그때 비로소 진짜 배움이 시작됐다.

열다섯 살에 출가를 꿈꾸며 절에 들어갔다가 몇 달도 못 버티고 돌아온 일이 있었다. 그때는 실패라고 생각했다. 뜻을 이루지 못한 부끄러운 일이라고 여겼다. 하지만 지금 생각해보면 그 돌아섬이야말로 내 인생의 진짜 출발점이었다. 절에서의 짧은 경험과 그곳을 떠날 수밖에 없었던 절망이 나를 길 위로 이끌었고, 그 길에서 나는 진짜 공부를 시작했다.

문화운동을 하면서도 마찬가지였다. 뜻한 대로 되지 않는 일이 더 많았다. 계획했던 행사가 무산되고, 함께하던 사람들이 떠나고, 자금이 떨어져서 그만둘 수밖에 없는 일들이 반복됐다. 그때마다 실패했다고 생각했지만, 그 돌아섬과 돌아섬이 쌓여서 지금의 내가 되었다.

조셉 콘래드는 『암흑의 핵심』에서 이렇게 말했다.

> 우리가 인생에서 희망할 수 있는 최선의 것은, 우리의 자아를 조금이나마 알게 되는 것이다. 그런데 자아를 아는 일은 성공했을 때가 아니라 실패했을 때, 돌아설 수밖에 없을 때 일어난다.

성공하면 우쭐해지고, 계획대로 되면 자만하기 쉽다. 하지만 길을 잃고 돌아올 때, 우리는 비로소 겸손해진다. 내가 별로 대단하지 않다는 걸 깨닫는다. 그리고 그 겸손 속에서 진짜 배움이 시작된다.

나는 걷고, 글을 쓰고, 생각하는 삶을 살아왔다. 수십 년을 길 위에서 보내며, 나는 늘 이렇게 말해왔다. "나는 지금 논다." 그러나 나의 그 '논다'라는 선언 속에는 배움이 숨어 있다. 스치듯 만나는 바람, 산길의 향기, 모르는 마을의 표정, 지나가는 사람의 한마디… 그리고 길을 잃고 돌아서는 그 순간들까지도 모두가 내게 배움이 되었다.

그 배움은 찰나처럼 지나가 사라지는 것 같지만, 그 조각들은 내 안 어딘가에 쌓여 언젠가 하나의 문장을, 하나의 깨달음을 만들어낸다. 파편 같았던 배움들, 실패라고 생각했던 돌아섬들이 언젠가 나를 깨우는 불씨가 된다.

길을 잃는 것도 배움이고, 돌아서는 것도 배움이다. 그리고 그 배움 속에서 우리는 비로소 살아 있음을 느낀다.

공자의 가르침을 담은 『논어』의 첫 구절은 이렇게 시작한다.

배우고 때때로 익히면 또한 기쁘지 아니한가.

나는 공자의 말을 조금 바꿔서 되뇐다. "돌아가는 것, 이 또한 즐겁지 아니한가."

> 가난이 선생이다

어제, '우리 땅 걷기' 도반 몇몇과 함께 전주의 모 방송국과 촬영을 위해 고향에 다녀왔다. 내가 태어난 진안군 백운면의 흰 바우(상백암) 마을, 아버지가 술집을 열었던 백운 소재지 원촌, 지금은 치즈마을로 이름난 임실읍 금성리 중금 마을까지, 이곳저곳을 돌아다녔다. 마을 공터로 변한 고향집, 슈퍼로 바뀐 술집은 오직 내 마음속에만 남아 있었고, 그 당시의 어떤 자취도 더는 존재하지 않았다. 유배객처럼, 혹은 은둔자처럼 숨어 살았던 임실의 그 집터는 어느새 남의 집 정원이 되었고, 한때의 마당은 길이 되어 있었다.

그나마 남아 있는 건 우물 하나. 하지만 아무도 길어 쓰지 않다 보니, 폐허와 다름없었다. 어떤 희망도 없이 오로지 책만 읽으며 보냈던 그 시절이 떠오르자, 가슴이 먹먹해졌다. 그 외로움과 슬픔의 근원은 어디서 비롯된 것일까. 어릴 적, 부모님과 떨어져 할머니 품에서 몇 해를 살았던 기억이 문득 떠올랐다. 마치 황야에 홀로 내던져진 것처럼 외롭고 막막했던 유년의 조각들은 평생 내 마음속을 떠돌았다.

그때 떠오른 인물이 프랑스의 작가 알베르 카뮈였다. 그는 또 다른 이유로 어머니와의 불화를 겪을 수밖에 없었고, 외로움의 다른 얼굴을 품은 채 살아갔다. 그도 나와 비슷한 어린 시절을 보냈다는 걸 알고 있었기 때문이다.

카뮈는 아버지를 일찍 여의고 가난한 어머니 밑에서 자랐다. 어머니는 귀가 어둡고 말을 더듬어서 말수가 적었다. 그래서 카뮈는 어머니의 사랑을 확신할 수 없었다. 간절히 원했지만 확신할 수 없는 사랑, 그 애매한 감정 속에서 자란 아이.

카뮈가 『최초의 인간』에 쓴 한 구절이 기억난다. 어머니의 뜨거운 시선을 느낀 아이가 "어머니가 나를 사랑하고 있어"라고 중얼거리면서도, 동시에 그 사랑의 가능성을 의심해왔음을 깨닫는 장면이다.

그 애매함, 그 불안함이 내게도 있었다. 부모님과 떨어져 할머니 품에서 자란 나 역시 사랑받고 있다는 확신을 갖지 못했다. 마치 황야에 홀로 내던져진 것 같은 외로움.

카뮈는 학교에서 어머니의 직업을 써야 할 때 망설였다고 한다. 그는 동급생이 부모의 직업을 '하녀'라고 쓰라고 했을 때의 그 기분을, 할머니와 어머니가 "여긴 도서관이네"라며 책 읽는 자신을 이방인처럼 바라보던 시선을 이야기한다.

나도 그랬다. 책을 읽으면 "쓸데없는 걸 본다"는 소리를 들었고, 공부한다고 하면 "그런 걸로 밥 벌어먹고 사나"는 핀잔을 들었다. 나 역시 가족 안에서 이방인이었다.

하지만 카뮈는 그런 가난과 외로움을 범상하지 않게 해석했다.

가난이야말로 자연에서 행복을 느낄 수 있는 올바른 감수성을 창조한다. (…) 가난한 사람들에게 하늘은 무한한 은총이다.

나도 조금씩 그걸 알게 됐다. 가진 게 없어서 작은 것에도 감사할 줄 알게 됐고, 외로워서 책과 더 깊이 만날 수 있었고, 인정받지 못해서 인정받음의 소중함을 알게 됐다.

카뮈에게는 초등학교 교사 제르맹과 철학교사 장 그르니에가 있었다. 그들이 카뮈를 더 넓은 세상으로 이끌었다.

나에게도 그런 사람들이 있었다. 어린 나에게 책을 읽어서 작가가 되기를 권했던 초등학교 담임선생 김조현 선생님, 군대에서 만난 최대길이라는 친구, 그리고 김지하 시인. 그들은 나의 공부를 인정해주었다. 그 인정받음을 통해 끊임없이 공부에 매진한 결과가 지금의 나를 만들었다.

하지만 고향은 여전히 나에게 낯설다. 언제나 따뜻하게 맞아주어야 할 그곳은 어쩐지 서늘하고 먼 곳처럼 느껴진다. 모든 지나간 것은 아름답다고 말하지만, 나에게 고향은 아련한 기억의 안개이자, 가끔씩 가슴 깊은 곳을 찔러오는 신열 같은 감정이다.

카뮈의 어린 시절과 나의 어린 시절, 누가 더 절망적이었는지를 가릴 필요는 없다. 다만 나는 카뮈처럼 자포자기하지 못했고, 또 그렇게 하지 않았다. 오히려 매 순간을 치열하게 버텨내며 살아왔다. 지금 돌아보면, 만약 다시 살아간다면, 그때의 나처럼 시간을 흘려보내지 않겠다고 다짐하게 된다.

이미 가버린 것들, 되돌릴 수 없는 시절들. 그 시절이 가끔씩 되살아날 때, 그건 슬픔일까, 기쁨일까. 어쩌면 그것은 삶의 본질, 곧 기억이라는 이름의 감정일지도 모른다. 그리고 그 기억들은 오늘의 나를 쓰고 있다.

새에게 음악을 들려주지 말라

우리는 지금 교육의 홍수 속에 살고 있다. 아이들은 생애 가장 활기차고 자유로워야 할 시간을 온통 책상 앞에서 보내고, 부모들은 교육비에 허리가 휜다. 예전엔 가난한 집안의 아이가 혼자 책을 펴고, 달빛 아래에서 글을 베껴가며 독학하던 시절도 있었지만, 이제는 누구나 정규교육을 받는 것이 당연한 시대다. 그러나 과연, 이 교육이 제대로 가고 있는가?

수많은 사교육 광고가 도시의 벽마다 가득하다. '1등만 기억하는 더러운 세상'을 이겨내기 위해, 부모들은 오늘도 아이들을 학원으로 내몬다. 아이는 자기 의지보다 부모의 불안에 떠밀려, 교실과 교실 사이를 뛰어다닌다. 정작 아이가 누구인지, 무엇을 좋아하고 무엇에 소질이 있는지는 아무도 묻지 않는다.

 그렇다면, 참된 교육이란 무엇일까? 진정한 배움은 어떻게 시작되어야 하는가?

> 나는 교육이 그리 대단하다 생각하지 않습니다. 교육이 인간을 변화시키고 개선할 수 있다고 믿어본 일이 없기 때문입니다. 그 대신 아름다움과 예술, 그리고 부드러운 설득력은 어느 정도 신뢰해왔습니다. 나 자신도 어린 시절 공립학교나 사립 교육 기관보다는 문학을 통해 더 많은 교양을 쌓았으며, 정신의 세계에 호기심을 품게 되었습니다.

독일 작가 헤르만 헤세의 『편지』에 실려 있는 글이다. 헤세의 이 말은 우리에게 깊은 울림을 준다. 교육은 사람을 변화시키는 '도구'가 아니라, 사람이 스스로 성장해 나가도록 북돋는 '환경'이어야 한다는 것이다. 사람은 저마다 다른 존재다. 누구도 완벽히 같을 수 없는 고유한 세계이며, 그 고유성을 존중하는 것이야말로 교육의 시작이어야 한다.

 고대 그리스의 철학자 플라톤은 그의 저서 『국가』에서 이렇게 썼다.

> 자연 과목은 어릴 적부터 가르쳐야 하지만 강요해서는 안 된다. 자유인은 지식의 획득에 관해서도 자유인이어야 하기 때문이다. 강제

에 못 이겨 습득한 지식은 기억되지 않는다. 그러므로 강요하지 말아야 하며, 오히려 초등교육은 일종의 오락이어야 한다. 이렇게 하는 것이 어린이의 자연적 소질을 알아내는 데 더욱 유리할 것이다.

'자연스럽게' 배우는 것이 중요하다는 이 말은 지금 우리가 처한 획일적인 교육환경에 대한 날카로운 비판이기도 하다. 자연自然은 '스스로 자自'에 '그럴 연然'이다. 있는 그대로, 스스로 그러한 것이 자연이며, 인간도 자연의 일부다. 그런데 지금의 교육은 자연에서 점점 멀어지고 있다. 자연스러움이 배제된 교육은 아이를 인위적으로 재단하고, 틀에 맞추어 키우려 한다.

그 결과는 어떠한가? 공부는 경쟁이 되었고, 성적은 존재의 가치가 되었다. 문과냐 이과냐를 선택하는 기준도 '좋아하는 것'이 아니라 '나중에 취직 잘 되는가'이다. 교육은 인간의 가능성을 여는 문이어야 하는데, 지금은 오히려 닫힌 문이 되고 있다. 획일화된 기준, 점수 중심의 서열화는 창의성과 고유성을 억누르고, 아이들을 서로 다른 개성이 아니라 '등수'로 줄을 세운다.

『장자』 추수편秋水篇에 이런 문장이 있다.

새는 새를 기르는 방법으로 길러야 한다. 새에게 음악을 들려주는

> 고역을 가하지 말아야 한다. 물고기를 보면 물고기의 마음을 헤아려서, 물고기가 강이나 바다에서 즐겁게 살도록 해주어야 한다.

장자의 말처럼, 새는 새답게 길러야 하고, 물고기는 물고기답게 살 수 있도록 도와주어야 한다. 한 사람 한 사람은 모두 다르다. 누구에게는 음악이 인생의 언어이지만, 또 다른 누군가에게는 흙냄새 속에서의 배움이 더 소중할 수도 있다. 누군가는 책상에서 배운 지식을 삶의 무기로 삼지만, 또 다른 누군가는 흘러가는 구름을 보며 세상의 이치를 깨우친다.

그렇기에 교육은 한 가지 정답만을 강요해서는 안 된다. 진정한 공부는, 억지로 하는 것이 아니라 '연애처럼' 하는 것이다. 사랑하듯 몰입하고, 좋아서 견딜 수 없어 스스로 깊어지는 것, 그것이 진짜 공부다.

미국의 작가 마크 트웨인은 "당신의 성장을 학교 교육 따위가 말아먹게 내버려 두지 마라"고 했다. 트웨인의 이 말은 극단적으로 들릴 수 있으나, 지금 우리 교육 현실을 돌아보면 씁쓸한 진실을 담고 있다. 학교가 '성장'의 공간이 되지 못하고, '줄 세우기'의 공간이 되었을 때, 우리는 아이의 삶을 제한하는 것이지, 키우는 것이 아니다.

그렇다면 어떻게 해야 할까? 교육이 다시 '삶의 예술'이 되려면, 먼저 '인간다움'에 대한 감각을 회복해야 한다. 점수보다는 질문을, 암기보다는 사유를, 경쟁보다는 공감을 가르쳐야 한다. 교육은 지식을 전달하는 기술이 아니라, 존재를 열어주는 예술이어야 한다.

아이에게는 말할 수 없는 무한한 가능성이 있다. 중요한 것은 그 가능성을 어떻게 키워줄 것인가이다. 그것은 때로 책상이 아닌 들판에서, 시험지가 아닌 바람 속에서, 교과서가 아닌 한 권의 시집에서 시작될 수도 있다. 교육은 그렇게 다채로워야 한다.

새에게 음악을 강요하지 말라.

음악이 아니라 바람을, 햇살을, 자유를 들려주라.

그 속에서 새는 스스로 노래를 만들고, 높이 날아오를 것이다.

2부 길에서 배우는 공부

"규칙적이지는 못하지만, 꾸준히.
완벽하지는 못하지만, 성실하게."

통제되지 않을 결심

 자유를 찾아 떠난 여행에서 만난 건 아이러니하게도 온갖 통제와 제약이었다. '앞서 걸어가지 마세요', '안내자의 지시에 따르세요', '위반 시 벌금을 부과합니다'…. 온통 금지와 규제의 문구들이었다. 안내자의 지시에 한 치의 오차 없이 따라야 하며, 조심스럽게 걸어야 하고, 웃음조차 경계의 대상이 되었다.

 카메라 셔터 한 번 누르는 일조차 수많은 금지와 제약 속에 갇혀 있었다. 심지어 어느 숲길을 걸으면서도 그랬다. 아니, 더 심했다. '자연을 있는 그대로 즐기라'는 구호 아래, 자연은 인간의 통제 속에 갇혔다. 그렇게 온종일 통제 속에서 거닐다 보면, 모처럼 기대했던 해방감은 물거품이 되고 여행이 오히려 감옥살이처럼 느껴지기도 했다.

왜 이렇게 모든 것을 통제하려 할까. 이 모든 통제는 보존이라는 이름으로 포장되지만, 그 속에는 '관리'라는 권력, 그리고 통제를 정당화하는 '완장' 의식이 도사린 것은 아닐까.

이런 경험을 하고 나서 『논어』를 다시 읽었을 때, 공자의 말이 새삼 와 닿았다. 자공이 자장과 자하 중 누가 더 나은지 묻자, 공자는 답했다.

자장은 지나치고, 자하는 미치지 못한다. 지나친 것은 미치지 못한 것과 같다.

아무리 좋은 것이라도 지나치면 독이 된다는 이 과유불급의 지혜가, 내가 여행에서 목격한 과도한 통제를 이해하는 열쇠처럼 느껴졌다.
    그러다 몽테뉴의 『수상록』을 읽고 무릎을 쳤다. "아이를 가두어 두어서는 안 된다"고 힘주어 말한 그의 외침이 바로 내가 느낀 답답함과 똑같았기 때문이다. 몽테뉴는 교육의 본질이 자유와 기쁨에 있음을 강조하며, 혹독한 교사 밑에서 아이들이 고역에 시달리는 현실을 통렬히 비판했다. 그런 교육은 아이들을 자라게 하기보다는 지치게 하고, 배움은 설렘이 아니라 의무가 되며, 정신은 질식할 뿐이라는 것이다.
    그는 일갈한다.

프랑스의 아이들은 일찍 총명해지나 결코 오래도록 지속되지 않으며, 그토록 많은 학교에 다니기 때문에 바보가 된다. 과도하게 학문을 탐하다가 천치가 된 이들이 얼마나 많은가?

그 대안으로 몽테뉴가 꿈꾼 교실의 모습은 아름다웠다. 피 묻은 회초리가 아닌 꽃과 잎으로 장식된 공간, 플로라와 우아의 여신들이 그려진 벽, 배움이 두려움이 아니라 즐거움이 되는 장소. 그리고 그는 철학자 스페우시포스[11]를 인용하며 "이익이 있는 곳에 반드시 기쁨이 있어야 한다"고 말했다.

그제야 깨달았다. 여행지에서 내가 느낀 답답함과 교육 현장에서 벌어지는 일들이 본질적으로 같다는 것을. 지금도 우리는 아이들의 취미와 재능, 의지와 무관한 교육을 반복하고 있다. 입시라는 하나의 목표를 향해 수많은 아이를 똑같은 방향으로 몰아넣는다. 마치 좁은 문 하나를 두고, 무수한 아이들이 서로 밀어내며 들어가려 안간힘을 쓰는 듯한 풍경이다.

문득 워즈워스의 "어린이는 어른의 아버지"라는 시구를 떠올린다. 그 순수한 존재에게서 배워야 할 우리가, 오히려 그들을 길들이려 하는

---

11 Speusippos. 고대 그리스의 철학자. 플라톤의 조카였다.

건 아닐까. 손안에, 품 안에, 틀 안에 가두고 어른의 기준으로 아이를 만들려 할 때, 아이는 아이로서의 고유한 생명력을 잃는다.

하지만 우리의 현실은 여전히 그렇다. 모두들 자유와 자율이 살아 숨 쉬는 공간, 배움이 고통이 아닌 기쁨이 되는 시간을 꿈꾸지만, 아직은 그것이 너무도 멀어 보인다.

내가 원해서 떠나고, 내가 원하는 방식으로 보고, 듣고, 머물고 싶은 곳에 머무는 것. 그 자유로움이야말로 여행의 본질이다. 배움도 마찬가지다. 내가 원해서 하는 공부, 내가 사랑해서 하는 공부야말로 진짜 공부다. 진짜 배움은 연애처럼 해야 한다.

경주에서 읽은 유치환

로마의 철학자 키케로는 말했다.

> 장소가 회상시키는 힘은 그렇게도 크다. 그리고 이 도시에서의 그 힘은 무한히 크다. 어디를 걷든지 역사의 유적 위에 발을 디디는 것이다.[12]

나는 이 말의 진짜 의미를 경주에서 깨달았다.

---

12 키케로, 『투스쿨룸 대화』

1982년 봄, 나는 경주를 찾았다. 전북대 임학과를 다니다가 경주호텔학교로 옮긴 친구 최행곤을 만나러 가는 길이었지만, 진짜 이유는 따로 있었다. 유치환 시인의 시비를 보고 싶었던 것이다.

경주에 도착해 시청에 물었지만 아무도 그 시비의 위치를 알지 못했다. 문화원에서도 마찬가지였다. 경주여고에 유치환 시인의 제자가 있다는 소문을 듣고 겨우 연락이 닿았다. 그는 시비가 불국사에서 석굴암으로 가는 산길 한구석에 있다고 일러주었다.

나는 그 길을 따라 천천히 올랐다. 숲이 우거진 그 길목, 햇살과 나무 그림자가 교차하는 고요한 장소에, 유치환 시인의 시 「석굴암 대불」이 새겨진 시비가 있었다.

> 목 놓아 터트리고 싶은 통곡을 견디며 나 혼자 여기 눈 감고 앉았노니.

그 비문 앞에서 나는 오래도록 서 있었다. 가슴속 어딘가에 깊이 감춰두었던 무언가가 문득 풀리는 듯했다.

1967년 봄, 부산에서 문학 강연을 마친 뒤 동료들과 함께 경주를 방문한 김수영 시인은 유치환 시인의 시비 앞에서 갑자기 오열을 터뜨렸다. 처음에는 당황하던 동료들 역시 끝내 함께 울었다고 한다. 그다음 해, "내년에도 꼭 다시 오자"던 김수영의 말은 이루어지지 않았다. 그는 1968년 6월, 마흔여덟의 나이로 갑작스레 교통사고로 세상을 떠났다.

나는 그 시비 앞에서 김수영이 왜 그렇게 울었는지 알 것 같았다. 김수영은 내가 생각하는 한국 현대 시인 중 가장 시인다운 사람이었다. 전쟁 포로로 수용소에 갇혔고, 시대의 억압과 가난을 견디면서도 시인으로서의 존엄을 끝끝내 포기하지 않았다. '목 놓아 터트리고 싶은 통곡을 견디며'라는 유치환의 구절 앞에서, 김수영은 통곡으로 답한 것이었다.

나 또한 그 시비 앞에서 내 인생을 돌아보며, 긴 울음을 터뜨렸다. 1981년, 안기부 지하실에서의 그 일주일. 간첩으로 몰려 짐승처럼 취급당하며 죽음과 삶의 경계를 넘나들던 날들이 되살아났다. 그때의 절망과 분노, 그리고 살아 돌아온 뒤의 허망함까지.

울자. 마음껏 울자. 통곡으로 남은 것들을 씻어내자. 그 순간 토함산의 어디선가 바람이 일었다. 그리고 내 속에 쌓인 모든 낡은 정신들을 흔들며 지나갔다. 나는 유치환의 시비 뒤편, 그 한 자락 그늘에 내 슬픔과 분노를 내려놓았다.

키케로의 말이 맞았다. 장소가 가진 회상의 힘은 정말 컸다. 역사의 땅 위를 걸으며 나는 비로소 나 자신을 다시 바라보게 되었다. 하마터면 죽을 뻔한 삶이었고, 살아 돌아온 지금의 나는 오롯이 '덤'이었다.

그제야 깨달았다. 유치환도, 김수영도, 그리고 나도 모두 시대의 아픔 앞에서 '통곡을 견디며' 살아왔다는 것을. 그 시비는 단순한 돌덩어리가 아니라, 고통을 견뎌낸 이들의 증언이었다.

그날 이후 나는 결심했다. 남은 생은 우리 국토의 속살을 걷고 또 걷자. 발로 밟아 나가자. 그렇게 운명처럼 걷기 시작했다. 나 아니면 갈 수 없는 길, 오직 나만이 밟을 수 있는 나를 위한 고유한 길을 찾아서.

그것은 단지 길을 걷는 일이 아니라, 나를 기술하는 일이었다. 내 몸과 마음을 던져 겪었던 삶의 조각들을, 세월의 흐름 속에서 다시 마주하고 풀어내는 작업이었다. 장소가 가진 힘, 그 앞에서 나는 비로소 치유의 길을 찾을 수 있었다.

놀이터의 에밀

어느 오후, 놀이터 한쪽에서 천진난만하게 뛰노는 아이들을 바라본다. 아이들은 몸을 가만히 두는 법이 없다. 오리 새끼들처럼 뒤뚱거리다가 날다람쥐처럼 쏜살같이 내지르기도 한다. 언제 어디로 튈지 모르는 그들만의 걷기 방식을 보며 문득 이런 생각이 들었다. '그래, 어린이야말로 이 시대의 가장 예측불허한 산책자구나.'

목적지도, 규칙도, 때로는 시작도 모호한 그 걸음걸이가 얼마나 아름답고 순수한지. 어쩌면 인간이 갖춰야 할 최고의 미덕이 바로 그런 자유로움과 즉흥성일지도 모른다는 생각이 들었다. 그런데 왜 우리는 어른이 될수록 점점 예측 가능한 존재로 변해가는 것일까.

이런 생각을 하며 루소의 『에밀』을 펼쳤다. 루소는 교사를 향해 이렇게 조언한다. 교사의 일은 지시하지 않고 지도하는 일이며, 아무것도 하지 않으면서 모든 일을 하는 것이라고. 아이를 진정한 인간으로 성장시키려면 교사는 뒤로 물러서야 하며, 삶의 무대 위에서 아이 스스로 주연이 되도록 기다려야 한다는 뜻이 아닐까. 이 말이 교육의 본질을 꿰뚫는 역설처럼 느껴졌다.

『에밀』에서 특히 인상적이었던 건 이 대목이었다.

> 자연은 아이가 성인이 되기 전에 우선 아이여야 할 것을 요구한다. 우리가 이 질서를 거슬러 억지로 성숙을 강요하면 우리는 설익고 맛없는, 곧 썩어버릴 과일을 얻게 될 것이다. 즉, 우리는 애늙은이들을 만들게 된다.

루소가 말하는 건 아이들에겐 아이들만의 질서, 아이들만의 생각과 감정이 있으며, 거기에 어른의 견해를 억지로 덧씌우는 것은 교육이 아니라 왜곡이라는 것이었다. 놀이터에서 본 아이들의 모습이 바로 그런 자연스러운 질서였구나 싶었다.

그는 스파르타 사람들이 아이들을 책상에 묶어두지 않고, 오히려 점심거리를 훔쳐 오게 하며 생존과 협동을 가르쳤다고 했다. 행동으로 체득하는 교육이야말로 참된 앎의 시작이라는 것을 일찍이 알고 있었던 것이다.

여기서 문득 나는 플로베르의 말을 떠올렸다.

> 물오리가 날 때부터 헤엄을 치듯이, 어린이는 태어나면서부터 착한 일을 할 천성을 지니고 있다. 그 천성을 일일이 간섭하면 그것은 물오리에게 헤엄을 금하는 것과 같다.

천성은 억제하거나 교정하는 것이 아니라, 이해하고 북돋워 주어야 하는 것이라는, 루소의 말과 결이 닿는 이야기였다.

아이들을 다시 보니 정말 그랬다. 그들은 놀이를 통해 사회를 배우고, 몸을 움직이며 사고의 경계를 확장하며, 다른 존재들과 부딪히며 감각과 감정을 익히고 있었다. 놀이는 곧 삶이고, 삶은 곧 배움이라는 단순한 진리를 어른들은 종종 망각하는데 말이다.

어린이는 작은 어른이 아니다. 오히려 스스로 온전한 하나의 우주라고 칭해야 하지 않을까. 그 세계는 자율과 자유 속에서 피어나기 마련이다. 따라서 어른의 역할은 무엇이겠는가. 어른이 원하는 어떤 것을 어린이에게 주입하는 것이 아니라, 그 자율이 자생할 수 있는 공간을 마련하는 것 아닐까.

지금부터 나는 아이들을 다른 눈으로 보려고 한다. 그들이 예측할 수 없는 방향으로 움직일 때, 그 안에서 세상의 길을 어른보다 더 넓게, 더 자유롭게 걸어가는 모습을 발견하려고 애쓴다.

그들의 뒤를 따라 걷는 일, 그들이 보여주는 즉흥성과 몰입의 힘을 배우는 일. 어른이 아이에게 베풀 수 있으면서, 동시에 아이로부터 배울 수 있는 최고의 교육은 어쩌면 그것일지도 모른다.

사라진 것들을 위한 노래

책에 실을 사진 한 장을 고르기 위해 오래된 사진첩을 뒤적이다 보면, 그 속에 묻힌 시간이 하나씩 되살아난다. 한 장 한 장 넘길수록, 빛바랜 이미지 속에 고요히 눌러앉은 추억이 불쑥불쑥 고개를 드는 것이다. 봄과 여름, 가을과 겨울이 활동사진처럼 빠르게 스쳐 지나가고, 잊은 줄 알았던 기억이 선명한 얼굴로 찾아온다.

그 시절의 나, 그 시간의 사람들, 그 풍경들이 지금의 나를 부드럽게 감싸 안는다. 1985년부터 2004년까지 함께한 '황토현문화연구소'와 '전라세시풍속보존회', 그리고 2005년 이후 '우리 땅 걷기'라는 작은 이름 아래 만난 인연들. 계절이 바뀔 때마다 길을 나섰고, 땅 위에서 함께 숨 쉬며 걷던 사람들과의 시간은 무엇보다 따뜻하고 생기발랄한 삶이었다.

그러나 그 인연들 또한 어느 날 뿔뿔이 흩어졌다. 어쩌다 연락이 끊기고, 어디에서 어떻게 살아가는지 알 수 없는 사람들. 그 이름들을 마음속에 떠올릴 때마다 따뜻한 그리움이 먼저 찾아온다. 만남과 이별이란 도대체 무엇인가. 한때는 생을 나누듯 함께했지만, 이젠 서로의 삶에서 조용히 퇴장한 사람들.

이런 그리움 속에서 하이데거의 「들길」[13]을 읽었다. 그가 부모를 회상하며 쓴 글은 마치 한 편의 엘레지 같았다.

> 때때로 숲 한가운데서 떡갈나무 하나가 나무꾼의 도끼에 의해 쓰러질 때면 아버지는 곧 숲을 가로질러 햇빛이 드는 공터를 넘어서 그에게 할당된 목재들을 찾았다. 성당의 탑, 시계와 종을 지키는 일과 틈틈이 그는 숲에 있던 작업장에서 사려 깊게 일했다.

이 글을 읽다 보면 마치 한 폭의 수채화 속으로 빨려 들어가는 느낌이 든다. 나도 모르게 어린 시절로 돌아간다. 뽕나무 가지 위에서 오디를

---

13   마르틴 하이데거, 『하이데거 선집 3 - 언어에 이르는 길』, 박찬국 역, 한길그레이트북스

따고, 감나무에 올라가 홍시를 따던 손끝. 호두가 바람에 툭툭 떨어지던 소리가 되살아났다.

하이데거는 또 이렇게 썼다.

> 배는 너무 쉽게 목적지에 도달했고, 다시 해안으로 돌아왔다. 이러한 세계 주유의 꿈같은 유희는 모든 사물을 보이지 않게 아늑하게 감싸고 있던 빛 안에서 행해졌다. 이 모든 사물의 왕국을 어머니의 눈과 손이 둘러싸고 있었다. 그녀의 말 없는 염려가 모든 것을 수호하는 것 같았다.

이 얼마나 정갈한 회상인가. 그 시절의 모든 사물이 어머니의 손길 속에서 빛나던 풍경. 그런 시절이 누구에게나 있었으리라. 다만 그것을 어떻게 기억하는가의 차이일 뿐.

나에게도 그랬다. 길에서 만난 무수한 사람들. 그들과 걷고, 웃고, 때로는 논쟁하고, 하염없이 발걸음을 맞춰 나갔던 수많은 날들. 그때는 몰랐다. 그 시간이 그렇게 귀한 것이라는 걸. 지금은 문득문득 그리움이 불쑥 솟는다.

엘레지란 원래 상실을 노래하는 시였다. 사라진 것들에 대한 애도이면서, 동시에 그 아름다웠던 시간에 대한 찬가이기도 했다. 하이데거가 부모의 기억을 그토록 따뜻하게 그려낸 것도, 상실 속에서 발견한 아름다움 때문이었을 것이다.

  괴테도 비슷한 말을 했다.

> 상상력을 부지런히 동원하여 지난날의 불행한 추억을 되새기려 하지 말고, 오히려 태연한 마음가짐으로 현재를 견뎌내기 위하여 노력한다면 우리의 괴로움은 훨씬 줄어들게 될 것이다.[14]

그 말처럼, 마음속 깊이 차곡차곡 쌓인 추억과 그리움도 현재를 살아가는 힘이 된다. 지나간 과거가 행복이었는지, 불행이었는지는 중요하지 않다. 그 회상의 방식이 오늘을 결정하기 때문이다.

사진첩을 덮으며 생각한다. 지나간 추억들은 추억일 뿐이지만, 가끔씩 불현듯 찾아와 나를 살짝 흔든다. 그때마다 나는 기꺼이 그리움에 물든다. 아련한 마음으로, 따스한 시선으로.
  하이데거가 들길에서 배운 것은, 실은 사라지지 않는 것들의 고요한 존재감이었다. 나 역시 그 길 위에서, 떠나간 사람들이 남긴 온기를 느끼며 걷는다. 그것이 내가 부르는 엘레지, 사라진 것들을 위한 나만의 노래다.

---

14   요한 볼프강 폰 괴테, 『젊은 베르테르의 슬픔』

책장에서 만난 동행

무언가를 생각하려 할 때, 혹은 아무 생각도 하기 싫을 때, 사람들은 길을 걷는다. 누군가는 고통을 달래기 위해, 누군가는 생각을 정리하기 위해 걷는다. 나는 걷기에 그런 단순한 것 이상이 들어 있다고 주장하는, 걷기 예찬자다. 나는 당신의 발이 땅에 닿고, 그 진동이 몸을 타고 올라와 머리에 도달할 때, 그때에서야 당신은 제대로 된 '생각'이라는 것이 가능하다고 말하고 다닌다. 청중들 앞에서 걷기는 뇌를 쉬게 하고, 마음을 맑게 한다며, 이른바 '약'을 팔기까지 한다. 심지어 걷다 보면, 길 위에서 '나'라는 존재를 다시 만나게 될 것이라고 호언장담할 때도 있다. 어째서 아니랴, 다 내가 겪어 본 경험에서 나오는 이야기일진대.

이것을 허풍으로 치부하는 사람들을 내 책장으로 초대하려고 한다. '권위에 의존하는 글쓰기'라고나 할까.

일단 루소부터다. 루소에게 걷는다는 것은 온전히 혼자가 되는 경험이었다. 제목부터 『고독한 산책자의 몽상』인 책에서 그는 이야기한다.

많은 감미로운 공상들이 나의 동행이 되어주었다. 내 뜨거운 상상력이 이처럼 멋진 공상들을 안겨준 적은 한 번도 없었다. 나는 한 번도 이렇게 많은 생각을 해본 적이 없었으며, 이렇게 뿌듯한 존재감을 느끼며 살아본 적이 없다.

세상과의 불화를 지닌 그에게 걷기는 자발적 고독이자 치유의 시간이었을 것이다.

니체 역시 올곧은 산책자였다. "생각은 걷는 자의 발끝에서 나온다"는 『차라투스트라는 이렇게 말했다』의 유명한 구절을 언급하지 않더라도 그렇다. 니체는 자신의 사유가 항상 숲길과 산책로에서 자라났다고 말한다. 그는 걷기는 글쓰기 이전의 사유이자, 사유 그 자체였다고 자평한다.

소크라테스는 어떨까. 그는 하루의 대부분을 길 위에서 보냈다고 한다. 아테네의 광장, 거리, 그늘진 나무 아래서 사람들과 토론하며 철학을 실천했다. 그의 철학은 책상이 아니라 발걸음에서 시작되었다.

아리스토텔레스도 마찬가지였다. 그는 제자들과 함께 정원과 회랑을 산책하며 철학을 전수했다. 걸으며 묻고, 듣고, 다시 묻고, 생각하고 말하며 진리를 찾아갔다. '소요학파'라는 이름이 그들의 산책하는 버릇으로 생겼다고 하니, 아리스토텔레스와 그 문하에게 걷기는 특별한 의미였다.

이런 걷기 예찬자들의 든든한 뒷배를 업고, 나는 오늘도 사람들 앞에서 걷기의 효용을 설파한다. 사르트르의 "인간은 걸을 수 있을 때까지만 존재한다"는 말까지 인용하며 말이다. 뭐, 이 정도면 허풍이 아니라 학술적 근거가 있는 주장 아닌가. 그러니 오늘도 나는 당당히 걷는다. 책장의 현자들과 함께.

칸트와 함께 걷는 길

독일의 철학자 임마누엘 칸트는 어려서부터 병약했다. 유모조차도 그가 일주일을 넘기지 못할 것이라 여길 정도였다. 그러나 그는 살았고, 걸었고, 사유했다. 그리고 결국 철학사에 가장 묵직한 세 권의 책을 남겼다. 『순수이성비판』, 『실천이성비판』, 『판단력비판』이 그것이며, 이 세 권의 책은 그의 생애를 가로지르는 걸음과도 같았다.

150cm 남짓한 작은 키, 철저한 절제, 사색으로 가득 찬 삶. 그는 늘 걷고, 늘 같은 시간에 일어나 같은 시간에 차를 마시고, 같은 시간에 산책에 나섰다. 그는 청교도적 가풍이 짙은 기독교 집안에서 자랐지만, 그 분위기에 반감을 품고 성인이 된 뒤로는 교회 문턱을 넘지 않았다. 그러나 종교를 떠난 그의 사유에는 어머니로부터 배운 신앙의

윤리와 청빈의 미덕이 깊이 남아있었다.
칸트는 스물두 살에 이렇게 다짐했다.

나는 이미 내 길을 선택했고, 평생 걸어갈 것을 결심했다. 나는 그 길에 들어설 것이며, 아무도 그 진로를 방해하지 못할 것이다.

이 말은 지금도 길 위를 걷는 나에게 오래도록 울림을 준다. 혼자 걷는 길, 외롭고 고된 길, 그러나 자신이 선택한 길. 그는 결심대로 철저하게 자신의 길을 걸었다. 가난한 형편 속에서도 무려 13년에 걸쳐 연구에 몰두했고, 수십 번의 퇴고 끝에 마침내 쉰일곱의 나이에 『순수이성비판』을 완성했다.
칸트의 생애를 기록한 전기작가는 그를 가리켜

모든 규칙동사 중에서도 가장 규칙적인 동사.

라고 표현했다. 기상 시간, 차 마시는 시간, 산책하는 시간, 집필하고 강의하는 시간 등 하루의 모든 일정이 정해져 있었고, 그 틀에서 한 치도 벗어나지 않았다. 그가 회색 외투를 입고 등나무 지팡이를 짚은 채 집 문 앞에 나타나면, 이웃들은 시계를 보지 않고도 지금이 오후 3시 30분이라는 것을 알 수 있었다.

그는 사계절 내내 하루 여덟 번씩 보리수 길을 왕복했다. 하늘이 흐릴 때면 하인 람페가 커다란 우산을 들고 조용히 그 뒤를 따랐는데, 그 모습에 저절로 '조심'이라는 단어가 떠오를 정도로 절제되고 일정한 패턴을 유지했다. 몸이 약했던 그는 젊은 시절부터 철저한 섭생을 지켰고, 의사의 처방 대신 자신의 생활철학을 처방전으로 삼았다.

나는 칸트의 이런 규칙적인 삶을 읽으며 부러워했다. 나는 정규 학교를 다니지 않았다. 아니 다니지 못했다. 스승 없이, 권유 없이, 그저 길에서 나만의 교과서를 찾아야 했다. 용돈이 생기면 서점에 가서 책을 샀고, 돌아오는 길에 벌써 다 읽어버릴 만큼 책에 굶주려 있었다.

그런 나에게 칸트의 규칙적인 삶은 하나의 모범처럼 느껴졌다. 매일 같은 시간, 같은 길을 걸으며 사유를 쌓아가는 그의 모습에서 진짜 공부가 무엇인지 배웠다. 화려하지 않아도, 빠르지 않아도, 꾸준히 자신만의 길을 걷는 것. 그것이 칸트가 가르쳐준 삶의 태도였다.

내 위의 별이 빛나는 하늘과 내 안의 도덕법칙.

그가 남긴 이 말은 철학을 뛰어넘어, 수많은 사람의 가슴을 울려왔다. 악성 베토벤은 이 문장을 경이에 가득 차 외우고 또 외웠고, 나 역시 마음이 흔들릴 때마다 이 문장을 되뇌며 내면의 중심을 가다듬는다.

칸트는 교육에 대해서도 이렇게 말했다.

> 올바른 교육이란 단순히 연습시키고, 가르치고, 주입하는 것이 아니라, 자녀가 스스로 생각하도록 이끄는 것이다.

18세기 독일에서 건네진 이 말이 오늘날 우리에게도 여전히 유효하다고 느끼는 것은, 그가 자신의 삶으로 그것을 실천했기 때문일 것이다.

나는 어떤가? 길 위에서 수많은 사람과 계절을 만났고, 수많은 우여곡절과 함께 살았다. 칸트처럼 규칙적이지도 못했고, 그만큼 철저하지도 못했다. 다만 스스로 좋아하는 것을 추구하며 살아갈 뿐이다. 그것이 내 철학이며, 내가 배운 삶의 방식이다.

그가 걸었던 보리수 길은 오늘날 '철학자의 길'로 불리며, 그의 흔적을 조용히 기억하고 있다. 가끔씩 길을 걷다가 문득 칸트가 내 곁에서 툭 튀어나올 것만 같다. 회색 외투를 입고 등나무 지팡이를 든 그가 내게 묻는다. "당신은 지금 어디를 향해 걷고 있습니까?"

나는 그에게 이렇게 답하고 싶다. 당신이 걸었던 그 길을, 나도 내 방식대로 걷고 있다고. 규칙적이지는 못하지만, 꾸준히. 완벽하지는 못하지만, 성실하게. 그렇게 칸트와 함께, 오늘도 나는 걷는다.

여행 전날 밤의 음악

집이 곧 길이고, 길이 곧 집이었다. 그렇게 믿고 살아온 지 어느덧 수십 년. 매일의 삶을 여행자처럼 살아왔다. 하루하루를 낯선 풍경과의 조우로 삼고, 길 위의 바람과 대화하며 살아온 날들.

그런데 어느 날부터인가 여행을 떠나기 전날 밤이면 묘한 불안감에 휩싸였다. 앙드레 지드의 『배덕자』 속 메날끄의 말이 그 마음을 정확히 표현한다.

자네한테만 말해주지. 여행을 떠나기 전날 밤에 언제나 나는 무서운 고민에 휩싸인다네.

여행에 대한 설렘과 동시에 찾아오는 막연한 두려움. 익숙한 일상을 떠나 낯선 곳으로 향한다는 것이 주는 그 복합적인 감정을 나만 느끼는 건 아니다.

그래서인지 나는 여행을 앞둔 밤이면 습관처럼 음악을 틀었다. 슈베르트의 현악 4중주곡 『죽음과 소녀』 2악장, 모차르트의 『레퀴엠』, 베토벤의 『영웅』 2악장, 쇼팽의 『장송 소나타』. 어둡고 무거운 곡들이었지만, 이상하게도 그 멜로디들이 내 마음을 차분하게 가라앉혔다.

왜 하필 그런 음악들이었을까. 지금 생각해보니 죽음을 생각하며 삶을 들여다보고 싶었던 것 같다. 떠난다는 것의 의미, 돌아온다는 것의 소중함을 음미하고 싶었던 것일지도 모른다. 그런 뒤에야 비로소 나는 고요한 마음으로 길을 나설 수 있었다.

여행이 주는 불안은 누구에게나 있는 것 같다. 카뮈도 그 감정을 이해했다. 그의 스승 장 그르니에가 여행을 앞두고 망설이자, 카뮈는 말했다.

긴 여행을 하고 싶을 때는 스스로에게 물어보아야만 합니다. 더 나쁜 어떤 일이 내게 일어날 수 있는가? 그건 죽는 겁니다.[15]

그리고 덧붙였다.

"아주 하고 싶은 일 이외에는 하지 말아야죠."

그는 얄궂게도 실제로 여행 중에 생을 마감했다. 자동차가 전복되는, 비극적인 사고였다. 주머니에는 파리행 급행열차 표 하나, 그리고 수첩 하나가 있었다. 그곳에는 에드거 앨런 포의 '행복의 네 가지 조건'이 적혀 있었다. 첫째, 야외생활. 둘째, 누군가에 대한 사랑. 셋째, 모든 야망으로부터의 해방. 넷째, 창조행위.[16] 나는 가끔씩 이 장면이야말로 여행의 본질에 대해 압축적으로 보여주는 게 아닐까 하고 곱씹는다. 불확실함에 대한 두려움과 새로운 것에 대한 설렘이 공존하는, 어떤 위험한 경험. 그 복잡한 성격을 받아들이고 나서야 진짜 여행이 시작되는 것일지도 모른다.

로맹 롤랑은 『매혹된 영혼』에서 "인생은 왕복 차표를 발행하지 않는다. 한번 여행을 떠나면 다시는 돌아오지 않는다"고 했다. 맞다. 여행에서 돌아와도 나는 떠나기 전의 나와는 다른 사람이 되어 있다. 여행은 그 자체로 약간의 상실을, 이별을, 조금 과장하면, 약간의 죽음을 내포하는 것이다.

---

15 알베르 카뮈, 『결혼』
16 에드거 앨런 포, 『풍자와 환상』

하지만 여행은 어떤 의미에서는 역설적으로 죽음 반대의 삶이기도 하다. 떠나기 전의 불안, 길 위에서의 깨달음, 돌아와서의 그리움. 그 모든 감정들이 쌓여 지금의 나를 만들었으니까.

여행을 앞둔 나는 오늘도 음악을 튼다. 내일 떠날 길을 생각하며, 그 길 위에서의 만남과 이별을 상상하며. 여행 전날 밤의 이 시간이, 어쩌면 여행에서 가장 소중한 순간일지도 모른다는 생각을 하면서.

전율의 고향

나는 정상에서 프랑스 철학자 알랭Alain의 말을 떠올렸다.

시는 어린 마음에 비친 영상이다.[17]

열일곱 무렵이었다. 나는 마이산의 한 민박집에서 하룻밤을 묵고 이른 새벽에 암마이산에 올랐다. 사실 진안이 고향인 나에게 마이산은 그저 익숙한 장소였다. 마이산 등정에서도 등산 이외의 다른 것을 기대하지는 않았다.

---

17 알랭, 『예술론』

하지만 그날 새벽, 정상에서 내가 느낀 감정은 어떤 친밀함은 아니었다. 그것은 오히려 전율에 가까웠다. 도스토옙스키가 말한 그 경계의 감정, "황홀경의 오싹함이 우리의 등을 훑고 지나간"[18] 듯한 전기적 충격이었다.

호남정맥이 파노라마처럼 눈 앞에 펼쳐지는 순간, 나는 이상한 깨달음에 휩싸였다. 내 발 아래 펼쳐진 모든 골짜기와 마을들, 그 구불구불한 길들이 바로 내가 태어나고 자란 터전이라는 사실. 어린 시절 뛰놀던 그 모든 공간이 한눈에 들어오면서, 나라는 존재가 이 땅과 얼마나 깊이 연결되어 있는지 느꼈다. 마치 내 몸의 혈관을 밖에서 바라보는 듯한, 이상하고도 벅찬 감정이었다.

괴테는 『파우스트』에서 전율에 대해 말했다. 그것은 인간이 지닌 가장 훌륭한 면이며, 그런 감정에 사로잡혀야 비상한 일을 깊이 느끼게 된다. 세상이 인간에게 그런 감정을 쉽게 주진 않을지라도 말이다. 실제로 그날 나는 그 '비상한 감정'을 느꼈다고 믿었다. '이것이 아니라면 다 필요 없다'는, 삶의 핵심을 깨닫는 듯한 황홀한 순간이었다.

왜 어린 시절 늘 보던 익숙한 산이 그렇게 충격적이었을까? 충분히 컸다고 자신하던 열일곱 살의 내가 불현듯 유년의 시원, 후고 발이 헤

---

18 표도르 도스토옙스키, 『악령』

세를 평하며 말했던 그 '최초'와 마주해서가 아닐까. 이제는 사라져버렸다고 믿었던 조상들의 흔적들, 그들이 걸었을 길들, 그들이 바라봤을 같은 풍경들. 암마이산 정상에서 그 모든 시간이 한꺼번에 되살아났기 때문은 아닐까.

이후 나는 여러 차례 마이산을 오르고 다시 올랐다. 때로는 혼자서, 때로는 친구들과 함께. 계절마다 다른 얼굴을 보여주는 산에서 나는 내 삶을 반추했다. 산을 오를 때마다 나는 늘 깨닫게 된다. 내가 지금 딛고 있는 이 길이 어린 시절 내가 뛰놀던 바로 그 땅의 연장선이라는 것을. 산 아래 펼쳐진 들판에서 자란 곡식들이 나를 키웠고, 이 산의 물이 내 핏속에 흐르고 있다는 것을. 고향이라는 것은 단순히 태어난 곳이 아니라, 내 존재의 뿌리가 뻗어 있는 곳이라는 사실을.

사실 내가 가장 기대했던 것은 전율이었다. 하지만 그 처음의 감각을 뛰어넘은 적은 없었다. 프루스트는 『잃어버린 시간을 찾아서』에서 이렇게 말했다.

> 추억이 잃어버린 낙원의 열쇠를 돌려줄 수 있으려면 흘러간 아름다운 청춘의 재를 뒤지는 수밖에 없구나.

그렇게 나는 고향의 산에 올라, 한때의 전율의 불꽃이 남긴 무언가를 계속 찾고 있는지도 모른다.

  그 새벽의 한기는 아직도 내 몸 어딘가에 남아있고, 그 떨림은 아직도 내 글 속에서 되살아난다. 지금도 나는 마음으로 그 산을 오른다. 고향이란 그런 것 같다. 한 번 내 일부가 되면, 어디에 있든 함께 걸을 수 있는 영원한 동반자가 되는 것이다.

세네카에게서 배운 진짜 부

젊은 시절 나는 돈에 대해 단순하게 생각했다. 많으면 좋고, 없으면 불편하다는 정도. 그런데 나이가 들수록 돈이라는 것이 참 복잡한 존재라는 걸 깨달았다. 하루도 조용할 날이 없는 세상의 소음들을 들여다보면, 그 근원에 있는 것이 어김없이 같았다. 정치적 갈등도, 가족 간의 다툼도, 친구 사이의 반목도, 그 바탕에는 하나같이 돈이 있었다.

그런 현실을 보며 회의가 들 때 우연히 세네카의 『행복론』을 읽게 되었다. 로마의 스토아 철학자인 그가 이렇게 말하고 있었다.

제아무리 재물이 많아도 불안하며, 최고의 행복도 전혀 믿을 게 못 되지요. 행복을 지키려면 또 다른 행복이 필요하고, 이루어진 기도

를 위해 또 다른 기도를 해야 하지요.

처음엔 그의 말이 설득력 있게 다가왔다. 하지만 나중에 그 구절을 되새겨보니, 괴상하다는 생각이 들었다. 세네카는 로마 최고의 부자 중 한 명이었다는 걸 알고 있었기 때문이다. 네로 황제의 스승이자 정치인으로 엄청난 재산을 소유했던 사람이 "재물이 많으면 불안하다"고 말하는 것이 아이러니하게 느껴졌다. 마치 대기업 회장이 "돈이 전부가 아니다"라고 하는 것과 비슷하지 않은가. 철학적으로는 맞는 말이지만 정작 그 말을 하는 사람이 그렇게 살고 있는지는 의문일 때, 독자는 어떻게 판단해야 할까.

그렇게 그 모순을 곱씹었지만, 세네카의 다음 말에서 마침내 그의 심정이 이해가 갔다.

높이 오른 것일수록 떨어지기가 더 쉬운 법이지요. 힘들게 얻은 것을 더 힘들게 지켜야 하는 자들의 인생이 가장 짧고, 가장 비참할 수밖에 없지요.

아, 부자도 이런 고민을 하는 것이구나. 돈이 없어서 고생하는 사람들만 괴로운 게 아니라, 돈이 많아서 괴로워하는 사람들도 있다는 것을. 가진 것이 많아지면 사람들이 달라지고, 일상이 복잡해지고, 잃을까 봐 두려워진다는 것을.

그러고 보니 내 주변에서도 그런 모습들을 본 적이 있었다. 돈이 생기면서 관계가 복잡해진 사람들, 재산을 지키느라 불안해하는 사람들. 세네카의 말이 단순한 철학적 수사가 아니라 현실이었다.

세네카의 책을 읽고 나서 나는 돈에 대한 생각이 바뀌었다. 돈이 나쁘다는 게 아니라, 돈을 대하는 태도가 중요하다는 것을 배웠다. 돈은 삶의 목적이 아니라 수단이라는 것을. 그리고 무엇보다, 돈에 대한 지혜는 책에서 배울 수 있다는 것을.

지금도 나는 가끔 세네카의 모순을 생각한다. 하지만 그 모순마저도 하나의 가르침이 되었다. 완벽한 사람은 없고, 완벽한 철학자도 없다는 것을. 중요한 건 그들의 말에서 내가 무엇을 배우느냐다.

오늘날 많은 이들이 '돈 버는 기계'로 살아간다. 그런 유혹에서 자유로운 현대인이 몇이나 될까. 나 역시 마찬가지겠지만, 세네카의 책을 읽으며 배운 것이 있다. 돈이 없으면 불편하긴 하다. 하지만 돈에 휘둘리는 삶은 더 불행할 수 있다. 그런 지혜를 역설적으로 부자의 책에서 배운다.

행복의 얼굴

벤저민 프랭클린은 말했다.

세상 사람들을 돌아보라. 자기의 행복을 아는 자가 얼마나 적은가를, 설사 알고 있다 해도 그것을 행하는 자는 얼마나 더 적은가를.

이 말을 처음 읽었을 때는 그냥 하나의 문장일 뿐이었는데, 살아보니 정말 그랬다.

나는 행복을 찾으려 애썼다. 책 속에서, 낯선 길에서, 산 위에서, 바람 속에서 행복이라는 것을 붙잡으려 했다. 특별한 순간이나 특별한 장소에서 행복을 만날 수 있을 거라고 생각했다. 그런데 이상하게도 그것은 늘 찰나였다.

그 무렵 쇼펜하우어를 책으로 만났다. 그는 말한다.

행복이란 불가능하다. 최상으로 도달 가능한 것은 오로지 영웅적 삶의 행로일 뿐이다.

행복은 없고, 오직 고통과 싸우는 길만 존재한다는 그 말이 당시에는 너무 비관적으로 들렸지만, 삶은 의외로 그것이 진실에 가까움을 가르쳐 주었다. 붙잡으려 하면 사라지고, 행복이 곁에 있을 때는 잘 보이지 않았다. 그러다가 그것이 떠난 뒤에야 '아, 그때가 행복한 시절이었구나' 하고 깨닫거나 하는 것이었다. 흔한 말이지만, 행복은 지나고 나서야 행복이었다는 걸 아는 그런 것이구나 싶었다.

그런 고민을 하고 있을 때 존 스튜어트 밀의 『자서전』을 읽게 되었다. 그는 어려서부터 아버지의 엄격한 교육을 받으며 자란 천재였는데, 스무 살 무렵 깊은 우울에 빠졌다고 했다. 모든 것을 성취했는데도 행복하지 않았던 것이다.

그 경험을 통해 그가 깨달은 것이 인상적이었다.

당신이 행복한가, 행복하지 않은가를 당신 자신에게 물어보면, 당

> 신은 곧 행복할 수 없게 된다. 행복하게 되는 유일한 길은 행복 이외의 어떤 것을 목적으로 삼는 것이다.

행복을 좇을수록 멀어진다는 그의 고백이 내게 깊은 여운을 남겼다. 그리고 실제로 살아보니 정말 그랬다. 행복을 의식하고 있을 때는 행복하지 않았고, 다른 일에 몰두하고 있을 때 문득 행복이 찾아왔다.

 책을 읽다가 좋은 문장을 만났을 때, 길을 걷다가 아름다운 풍경을 마주했을 때, 마음 맞는 사람과 이야기를 나누다가 시간 가는 줄 모를 때, 그런 순간에 불현듯 '아, 지금이 좋구나' 하는 감정이 스며들었다. 그것이 행복이었다. 실제로 내 주변을 보면 "행복해지겠다"고 다짐하며 사는 사람들이 오히려 더 불행해 보였다. 행복을 재촉하고, 행복을 요구하고, 행복하지 않은 현재를 탓하며 살았다. 마치 행복이 노력하면 얻을 수 있는 상품인 것처럼 생각한 결과가 아닐까.

칼 샌드버그의 시 「행복」은 그런 역설을 잘 표현해준다. 시인이 대학교수들에게 행복이 무엇인지 물어봤지만 아무도 명쾌한 답을 주지 못했다. 그런데 어느 일요일 오후, 나무 아래서 아내와 아이들을 데리고 맥주통과 손풍금을 곁에 둔 헝가리인들을 보며 비로소 행복을 발견했다는 내용이다.

 행복은 어디서 오는가? 책상 위가 아닌 커다란 나무 그늘에서, 강의실이 아닌 풀밭에서, 강단이 아닌 삶의 자리에서. 살아보니 정말 그렇다. 행복은 거창한 곳에 있지 않았다. 일상의 소박한 순간들, 의도하지 않았던 평범한 시간들 속에서 만났다.

도스토옙스키의 『백치』에서 미시킨 공작이 사랑하는 이에게

나는 단지 당신이 행복해지길 간절히 바라고 있습니다. 지금 행복하신가요?

라고 묻는 장면이 있다. 소설 속의 질문이지만, 그건 이 세상 모든 인간이 서로에게, 그리고 자기 자신에게 던지는 질문이기도 하다.

예전에는 이 질문이 부담스러웠는데, 이제는 편안하다. 살다 보니 행복이라는 게 그리 거창한 것이 아니더라. 지금 이 순간을 살아가고 있다는 것, 책을 읽을 수 있고 생각할 수 있다는 것, 사랑하는 사람들이 곁에 있다는 것, 그것만으로도 충분히 행복한 일이었다.

그토록 찾아 헤맸던 행복이 실은 늘 곁에 있었다는 걸, 나이 들어서야 알게 되었다. 벤저민 프랭클린의 말처럼, 행복을 아는 것도 어렵지만 그것을 행하는 것은 더 어려웠다. 하지만 적어도 이제는 안다. 행복은 붙잡는 것이 아니라 알아차리는 것이라는 걸.

단순함에 대하여

강진의 무위사 극락보전을 처음 마주했을 때의 기억이 선명하다. 화려하지도 복잡하지도 않은, 단정한 맞배지붕. 그 건물 앞에 서자 마음이 절로 가라앉았다. 간결한 선과 단순한 구조에서 우러나오는 평온함이 낯설면서도 깊숙이 스며들었다.

모악산 자락의 귀신사 대적광전, 예산 수덕사 대웅전도 마찬가지였다. 팔작지붕처럼 복잡하고 장식적인 건축물들을 보며 감탄했던 기억도 있지만, 그 감동은 대개 겉만 스치고 지나갔다. 반면 이 단순한 건물들은 오래도록 머릿속을 맴돌았다.

왜 그럴까 하는 의문이 들었다. 단순함이 주는 이 묘한 울림은 무엇일까.

톨스토이가 단순함에 대해 쓴 글이 있다.

> 사물의 본질은 단순하다. 지혜도 단순하다. 바로 이 두 가지, 단순한 본질과 단순한 지혜에서 사랑과 존경이 나온다. 모든 기교적인 것과 꾸미는 것을 삼가라. 단순함처럼 사람들 사이에 친밀함을 주는 것은 아무것도 없다.[19]

나는 그 구절을 읽으며 무위사 앞에서 느꼈던 그 친밀감, 마치 오래된 친구를 만난 듯한 편안함의 정체가 곧 그것이라고 느꼈다. 일체의 꾸밈도 없이, 있는 그대로 서 있는 건물과 전해지는 진심.

찾아보니 아인슈타인 역시 비슷한 말을 했다. 그는 복잡한 이론 세계를 탐구한 물리학자였지만, 삶에 있어서는 단순함을 지향했다고 했다. "소유물, 외적인 성공, 명성, 사치…. 나는 항상 이런 것들을 경멸해왔다. 단순하고 겸손한 삶의 태도는 누구에게나 가장 바람직하다."[20]

그 말을 읽으며 나는 생각해보았다. 돌이켜 보면 복잡한 것들에 둘러싸여 살면서도 정작 마음이 오래 끌렸던 것들은 늘 단순한 것들이

---

19 레프 톨스토이, 『톨스토이 인생독본』
20 알베르트 아인슈타인, 『아인슈타인, 삶과 우주』

었다. 아침 햇살, 차 한 잔의 여유, 좋은 책 한 권, 마음 맞는 사람과의 대화. 그런 것들이 가장 기억에 남고, 가장 소중했다.

하이데거는 단순함에 대해 이렇게 말한다.

> 단순한 것은 머물러 있는 것, 위대한 것의 수수께끼를 간직한다. 그것은 사람들 사이에 갑작스레 찾아들지만, 오랜 성장의 시간을 필요로 한다.[21]

여기서 그는 단순함이란 그냥 쉬운 것이 아니며, 오히려 가장 복잡한 것보다 더 큰 숙성을 요구한다는 통찰을 제시한다. 실제로 삶의 군더더기를 걷어내고, 본질만 남기는 일은 나 자신을 포장하는 것보다 훨씬 어려운 일이다.

사람들과의 관계에서도 그렇다. 복잡하게 말을 돌리고, 의도를 숨기고, 계산으로 엮인 관계는 쉽게 피곤해진다. 반면 단순하고 명료한 태도를 지닌 사람과의 관계는 오래도록 따뜻하게 기억된다. 불필요한 수사 없이 마음을 꺼내 보이는 그 솔직함이 인간관계의 진정성을 만들어내는 광경을 나는 숱하게 보았다.

---

21 마르틴 하이데거, 『건축·거주·사고』

나이가 들수록 단순함의 가치를 더 깊이 느낀다. 무위사의 맞배지붕처럼, 말없이 꽃을 피우고 소리 없이 나뭇잎을 흔드는 자연처럼. 단순함이란 결국 자연과 같은 것인지도 모른다. 그것은 꾸미지 않지만 아름답고, 설명하지 않아도 진실하다. 그리고 그런 삶이야말로, 내가 지향해야 할 삶의 모습이었다.

   요즘도 가끔 무위사를 떠올린다. 그 단정한 지붕선과, 그 앞에서 느꼈던 고요한 감동을. 책에서 배운 단순함의 의미가 그 순간의 경험과 만나 더욱 깊어진다. 여전히 단순함을 삶에 익혀가려고 노력하는 중이지만, 적어도 이제 안다. 가장 단순한 것이 가장 오래 남는다는 것을.

> 애매한 경우에는 자유를 주어라

사람은 나이가 들수록 말수가 줄어든다. 말이 적어진다고 해서 생각이 줄어드는 것은 아니다. 오히려 생각은 더욱 깊어지고, 말보다 침묵에 무게가 실리게 된다. 젊었을 땐 선명한 정의와 분명한 옳고 그름 속에서 말하고, 살고, 판단한다. 하지만 시간이 흐르고 경험이 쌓일수록 세상은 그렇게 단순하지 않다는 것을 몸으로 알게 된다.

그럴 때 떠오르는 말이 있다. 성 프란체스코의 말이다.

꼭 필요한 경우에는 일치를, 애매한 경우에는 자유를, 어떠한 경우에도 사랑을.

짧지만 깊고, 단순하지만 결코 가볍지 않은 말이다. 이 중에서도 특히 나이가 들수록 마음 깊이 다가오는 구절이 "애매한 경우에는 자유를"이라는 말이다. 말은 쉽지만, 실천은 어려운 이 말이야말로 내가 가장 지키고 싶으면서도 가장 자주 어기는 원칙이기도 하다.

어린 시절을 떠올려 본다. 나는 책 읽기를 유독 좋아했다. 세 평도 채 되지 않는 비좁은 방 한편에 등잔불을 켜놓고 누워 책을 읽었다. 마치 책 속의 세계가 내게만 허락된 숨결처럼 느껴졌고, 활자는 내게 삶의 진실을 속삭이는 이웃처럼 친근했다. 그럴 때면 아버지가 나지막하게 말했다.

"이제 자야지?"

"예."

하지만 나는 그대로 책장을 넘겼다. 그러면 아버지의 목소리는 점점 높아졌다.

"어서 불 끄고 자야지."

그래도 책을 놓지 않으면 마침내 불호령이 떨어졌다.

"잠 좀 자라니까!"

나는 억지로 등을 돌려 불을 끄고 누웠지만, 내 눈앞엔 여전히 활자들이 아른거렸다. 책을 읽는 것도, 잠을 자는 것도 모두 나의 자유일 텐데, 왜 아버지는 그 자유를 거둬간 것일까?

훗날 카프카의 서간을 읽다가 비슷한 이야기를 발견했다.

내가 경험에 따르면, 사람들은 학교에서나 집에서나 할 것 없이 인간의 특성을 소멸시키려고만 한다. 이를테면, 밤에 한창 흥미진진한 책에 몰입하고 있는 아이에게 '이제 자야 해'라고 말하는 것이다. 그것은 나의 특성이기도 했다. 그런데 가족은 가스를 꺼 나를 캄캄한 어둠 속으로 몰아넣음으로써 나의 특성을 억눌렀다. 그 해명은 모두가 자니까, 너도 자야 한다는 것이다.[22]

이 구절을 읽으며 나는 자연히 어린 시절의 내 모습을 떠올렸다. 그리고 지금, 아버지가 된 나는 아들에게 똑같은 말을 하고 있다. 밤 열두 시가 넘도록 컴퓨터 앞에 앉아 있는 아들과 똑같은 실랑이가 오가는 것이다. 그때마다 아이의 등을 돌려 눕게 할 수는 없으니 그저 문을 닫고 들어와 잠을 청하는 수밖에 도리가 없다.

애매한 경우에는 자유를 주는 것, 그런 상황이 생각보다 많다는 걸 살면서 깨달았다. 이것은 비단 자식과 나만의 문제가 아니다. 사람과 사람 사이, 선생과 제자, 윗사람과 아랫사람, 친구 사이, 심지어 나 자신

---

22 프란츠 카프카, 『일기』

과 나 자신의 내면 사이에서도 반복되는 일이다. 어쩌면 인간은 본능적으로 자유를 경계하는 존재인지도 모른다. 자신이 납득하는 범위 안에서만 타인의 자유를 허용하고, 자신이 이해할 수 없는 선택에는 불안과 간섭으로 대응하는 경향을 보이기 때문이다.

하지만 살아보니 알겠다. 자신이 납득하는 것과 이해할 수 없는 것 사이, 그 애매함 속에서 진짜 개성이 자라고, 스스로 판단하고 스스로 책임지는 태도가 싹트기도 한다는 것을. 내가 걱정이라는 이름으로 그들을 구속하고 있는 것은 아닐까? 사랑이라는 이름으로, 애정이라는 이름으로 그들의 삶에 선을 긋고 있는 것은 아닐까?

시간이 흐르며 나는 하나의 결론에 이르게 되었다. 강요는 삶을 단순하게 만들 수는 있겠지만, 삶의 깊이를 앗아가기도 한다는 것. 애매한 상황일수록 자유를 허용할 줄 아는 유연함, 그것 또한 삶의 지혜라는 것을.

지금도 나는 배우고 있다. '애매한 경우에는 자유를 주어라'는 그 말의 진짜 의미를. 그리고 '어떤 경우에도 잊지 말아야 할 것은 사랑이다'는 것을. 그 사랑이 있다면, 자유도 두려움이 아니고, 차이도 갈등이 아닌 서로의 다름에 대한 이해가 된다는 것을.

완벽하지는 않지만, 적어도 이제는 아들이 늦게까지 무언가에 몰두하고 있을 때 조금 더 기다려볼 수 있게 되었다. 그것만으로도 작은 진전이라고 생각한다.

> 울지 마라, 화내지 마라, 이해하라

한밤중에 조용히 깨어 스피노자를 읽는다. 창밖은 고요하고, 세상은 모두 잠들었으며, 때때로 자동차 한 대가 밤의 적막을 갈라놓고는 사라진다. 그런 시간에 읽는 철학서는 독서 이상의 의미를 지닌다. 삶의 방향을 재점검하고, 침묵과 사유로 나를 몰아세우는 일이기 때문이다.

스피노자는 네덜란드의 학자 프란시스퀴스 반덴 엔덴에게 라틴어를 배웠는데, 그의 스승은 이단자였고 결국 반혁명사건에 가담하여 교수대에 올라갔다. 전설에 따르면, 이 스승에게 아름다운 딸이 있었고, 그녀는 스피노자에게 한눈에 반했다. 그녀는 스피노자의 사랑을 얻고자 라틴어를 배우기 시작했고 스피노자의 관심을 끄는 데 성공했다.

그런데 이 아름다운 숙녀는 다른 구혼자가 값진 선물을 한 아름 안고 나타나자, 스피노자에 대한 사랑을 접었다. 그 순간 스피노자는 철학자의 길로 접어들었다고 한다.

스피노자는 "나는 생각한다. 그러므로 나는 존재한다"고 했던 데카르트로부터 큰 영향을 받았다. 그러나 그에게 데카르트 사상의 핵심은 단순한 '생각'이 아니라, 신과 영혼을 제외한 세계 만물을 기계적이고 수학적인 법칙으로 설명하려는 집요한 의지였다. 신을 신체와 물질로, 영혼을 생명의 한 현상으로 파악한 그의 사고는 당시 유대교회로부터 용납될 수 없는 이단이었다. 하지만 그는 자신이 옳다고 믿는 바를 이해시키려 노력했다.

1656년, 그는 결국 유대교회 장로들 앞에 소환된다. 장로들은 설득과 협박을 병행하며 스피노자의 마음을 돌리기 위해 안간힘을 썼지만, 그는 단호하게 거절했다. "파문이 어떠한 경우에도 해서는 안 될 일을 나에게 강요한 것은 아니다." 그는 그렇게 말하고는 조용히 파문을 받아들였다.

아버지는 그를 쫓아냈고, 누이동생마저 그의 유산을 독점하고자 했으며, 친구들을 비롯한 모든 사람이 그를 외면했다. 유대인 공동체 전체로부터의 고립과 생명을 위협당하는 속에서 암스테르담 교외의 조용한 다락방으로 거처를 옮긴 그는 이름을 바뤼흐에서 베네딕투스로 개명했다. 뜻은 같다. '축복받은 자.'

렌즈를 갈아 안경을 만들며 생계를 유지하고, 어린아이를 가르치며 살아간 철학자. 그는 살아생전 단 두 권의 저서를 출간했다. 하나는 『데카르트의 철학 원리』, 다른 하나는 익명으로 낸 『신학정치론』이었다.

그가 남긴 유작 『에티카』는 체계적이고 건조하지만, 삶에 대한 단호한 사랑과 윤리적 명징함이 가득하다. 그 안에 담긴 핵심 메시지가 바로 이것이다.

이해하려는 노력은 덕의 최초이자 유일한 기반이다.
우리는 인식할 때만이 자유롭다.

감정에 휘둘리지 않고, 이해하려는 노력을 통해 자신을 구제하고 타인과의 조화로 나아가는 길. 그것이 그가 제시한 공부법이자, 사유의 윤리였다.

스피노자는 죽기 4년 전 하이델베르크 대학에서 철학 교수직 제안을 받았다. 그러나 그는 "평정을 사랑하고 이 평정을 다른 방법으로 얻을 수는 없다고 생각하기 때문에 공적 취임을 삼가지 않을 수 없습니다"라고 말하며 이 또한 정중히 거절했다.

1677년 2월, 하숙집 주인이 교회에 간 사이, 그는 친구의 팔에 안겨 세상을 떠난다. 나이 44세. 고독한 생이었지만, 그 침묵의 삶에서 발화된 언어는 훗날 철학사 전체를 움직였다.

훗날 괴테는 그를 두고 "『에티카』를 한 번 읽고 개종했다"고 했고, 노발리스는 그를 '신에 도취된 사람'이라고 했으며, 헤겔은 "철학자가 되려면 먼저 스피노자주의자가 되어야 한다"고 말했다.

스피노자는 울지 않았고, 화내지 않았으며, 이해하려 했다. 그는 신념을 위해 고독을 감수했고, 명예와 안락을 거절했으며, 끝내 진리를 얻고자 평정을 지켰다.

우리는 어떤 공부를 하고 있는가? 시험을 위한, 입신을 위한, 타인의 인정을 위한 공부에 매몰된 오늘, 스피노자의 공부법은 우리에게 묻는다. 너는 무엇을 위해 이해하고자 하는가?

지금, 우리는 격변의 시대를 살아간다. 정보는 넘쳐나고 진실은 희미하다. 감정은 격하고, 말은 쏟아지되, 이해는 점점 사라진다. 이런 시대에, 밤의 적막 속에서 스피노자를 읽는다는 것은 단지 철학을 공부하는 일이 아니다.

그는 말하고 있다. "울지 마라, 화내지 마라, 이해하라." 우리는 그 말에 어떻게 답할 수 있을까?

연꽃이 피는 소리를 찾아서

예나 지금이나, 마음 맞는 사람들이 모여 함께 어울리는 일은 인간 삶의 한 풍경이다. 봄과 가을이면 꽃구경을 나서는 계절 모임이 있고, 전국의 찻집을 찾아다니며 차 향기 속에 삶의 여백을 나누는 차인회도 있다. 세계 곳곳의 골프장을 누비며 경기를 즐기는 골프 모임, 전국의 맛집을 섭렵하는 식도락 모임, 등산이나 사진, 낚시, 심지어 도박까지, 한국인들은 저마다 다른 방식으로 '놀 줄 아는 삶'을 실현 중이다.

그렇다면 우리 선현들은 어떤 방식으로 놀았을까? 조선 후기 실학자 다산 정약용은 젊은 시절 뜻을 함께한 열네 명의 선비들과 '죽란시사

竹欄詩社'라는 시회를 조직했다. 이들의 풍류에 단순한 오락을 넘어선 깊이가 있었던 것은 단순히 시를 짓는다는 것뿐이 아니었다. 자연의 변화와 호흡하는 예술적 삶을 추구했다.

죽란시사의 선비들은 봄에는 살구꽃이 필 때, 여름에는 참외가 익을 무렵, 가을에는 연꽃이 만개할 때 모였다. 이 가운데 가장 운치 있는 모임은 연꽃이 피는 순간을 기다리는 것이었다. 해가 뜨기 전 새벽녘, 서련지에 작은 배를 띄우고 연꽃 사이로 나아가 고요히 앉았다. 그리고 숨을 죽인 채 기다렸다. 무엇을 기다렸을까? 바로 '꽃이 피는 소리'였다.

연꽃 봉오리가 활짝 벌어지는 순간 연잎이 터지며 내는, 자그맣지만 맑고 투명한 소리를 '청개화성聽開花聲'이라 부른다. 그렇게 그들은 마치 새벽의 찬 이슬이 가슴속으로 뚝 떨어지는 듯한 청정한 울림을 만끽하는 것이었다.

이들은 연꽃 소리를 듣는 것으로 끝내지 않았다. 연잎 위에 술을 따르고, 연근의 구멍을 통해 술을 빨아 마시며 연향을 음미했다. 이는 단순한 음주가 아니라, 자연과 교감하며 인간 본연의 감각을 되살리는 의례였다.

자연의 변화와 교감하고, 순간을 오롯이 감각하는 이런 정취는 감상의 차원을 넘어, 삶의 본질과 마주하는 고요한 명상이자 예술이라고 할 만하다. 놀이가 곧 삶의 방식이고, 자연은 스승이라는 말은 너무 흔하다. 문제는 그것을 어떻게 실천하느냐다. 지금 연꽃이 피는 소리를 들으려는 이들이 얼마나 있는가. 없다고 봐도 좋을 정도다. 대신 우리는 눈부신 조명 아래 인공 향이 풍기는 공간에서, 자연의 숨결이 아닌 디지털 소음 속에서 시간을 보낸다.

옛 선비들의 멋스러운 놀이는 단지 시간을 보내기 위한 오락이 아니었다. 그것은 감성과 지성을 동시에 자극하는 인간 본연의 놀이였다. 자연과 조화를 이루며 순간에 몰입하고, 미세한 변화까지 감지하는 섬세함. 이런 전통을 현대적 감각으로 되살린다면, 진정한 한류 문화의 깊이를 보여줄 수 있을 것이다.

　연꽃으로 이름난 전주 덕진연못, 부여 궁남지, 청도 이서면 연지 등에서 새벽녘 청개화성을 체험할 수 있다면 얼마나 운치 있을까? 그 풍경을 오늘의 감성으로 되살려낸다면, 옛사람들의 멋스러운 놀이는 세계적인 문화 콘텐츠로 거듭날 수 있다는 생각도 해 본다. 체험 프로그램, 명상과 힐링, 문화 관광 콘텐츠로 발전시킬 수도 있지 않은가.

　우리가 잃어버린 것은 단순히 옛 놀이가 아니라, 자연과 교감하며 삶을 깊이 있게 향유하는 방법이다. 그것을 되찾는 일이야말로 진정한 문화 부흥이 될 것이다.

'라떼'와 '아아'에 깃든 도덕경

카페에 들어서면 흥미로운 장면을 목격한다. 한겨울 찻집에서 김이 모락모락 나는 뜨거운 라떼를 시키는 사람들이 있다. 그런데 같은 시공간에서 누군가는 얼음이 가득한 아이스아메리카노를 마시고 있다. 나는 그것을 보며, 산사에서 저 무더운 여름날에도 뜨거운 차를 고집하는 스님들을 떠올리곤 한다. 소소한 일상의 장면이지만, 그것은 우리가 살아가는 세계의 본질을 스쳐지나가듯 보여준다.

노자는 『도덕경』에서 이렇게 말한다.

> 아름다움이 있다는 것은 추함도 있다는 것을 뜻하고, 선함이 있다

는 것은 악함도 있다는 것을 뜻한다. 그러므로 존재와 무, 어려움과 쉬움, 길고 짧음, 높고 낮음, 앞과 뒤는 서로가 서로를 만들어내는 것이다.

이는 단순한 추상적 명제가 아니다. 실제로 우리 삶이 이런 대립들로 이루어져 있다. 낮과 밤, 기쁨과 슬픔, 만남과 이별, 성공과 실패. 이 모든 것들은 독립적으로 존재하지 않는다. 서로를 비추는 거울이 되어 각각의 의미를 완성한다.

밤이 있기에 낮의 소중함을 알 수 있고, 슬픔을 경험했기에 기쁨의 깊이를 느낄 수 있다. 이별의 아픔을 겪어본 사람만이 만남의 기적을 진정으로 이해한다.

그렇다면 우리는 이런 대립들 속에서 어떻게 살아야 할까. 노자는 또 다른 가르침을 준다.

현자는 행동하지 않음으로써 남을 돕고, 말하지 않음으로써 가르친다. 존재들을 억지로 이끌지 않고, 스스로 살게 하며, 독점하지 않고, 스스로 이루어지도록 둔다.

이는 극단으로 치우치지 않는 균형의 지혜를 말한다. 너무 개입하지도, 완전히 방관하지도 않는 것. 너무 가깝지도, 너무 멀지도 않은 적절한 거리를 유지하는 것이 우리 삶에 필요한 자세라는 것이다. 사람과 사람 사이의 관계에서도 마찬가지다. 너무 가까우면 서로 상처받고, 너무 멀면 소통이 단절된다. 사랑도 적당한 긴장감이 있어야 더욱 깊어진다.

이런 대립과 조화는 우리 내면에서도 일어난다. 같은 상황에서도 기쁨과 외로움을 동시에 느끼고, 희망과 절망 사이를 오간다. 그 모든 감정들이 변한다는 것을 알면서도 한순간의 기쁨에 연연하고 짧은 고통에 절망한다.

하지만 바로 그 불완전함과 흔들림이 우리가 '살아 있다'는 증거다. 완전한 평정심은 오히려 죽음과 가깝다. 요동치는 마음, 그 속에서도 더 나은 삶을 추구하려는 의지야말로 인간다움의 본질이다.

결국 우리는 혼자 태어나 혼자 죽는다. 누구도 대신 살아줄 수 없고, 누구도 나 대신 걸어줄 수가 없으며, 누구도 나를 완전히 이해해 줄 수는 없다. 이것이 삶의 고독한 진실이다. 그러나 동시에 우리는 서로의 존재를 통해 의미를 찾는다. 멀리서나마 서로를 바라보며 마음속으로 격려하고, 각자의 우주에서 살아가면서도 연결되어 있음을 느낀다. 이 역설적 상황이야말로 노자가 말한 무위無爲의 지혜의 근거이자 배경이 된다. 억지로 하지 않으면서도 모든 것이 이루어지는 것.

혼자이면서도 함께 있는 것. 대립하면서도 조화를 이루는 것. 삶이란 결국 이런 상반된 것들이 만나 충돌하고, 어긋나고, 때로는 완벽한 균형을 이루는 긴 여정이다. 그 여정 한가운데서 우리는 자신을 발견하고, 세상을 이해해 간다.

카페의 뜨거운 라떼와 아이스아메리카노처럼, 서로 다르지만 같은 공간에서 조화롭게 공존하는 것. 그것이 바로 삶의 지혜가 아닐까.

3부

스승을 배신하는 법

"나는 이제 혼자서 갈 것이니,
그대들 또한 혼자서 가라. 내게서 떠나라."

도반이 선생이다

아이는 아이답게 자라야 한다. 때가 되면 흙바닥에 넘어지며 맨발의 감각을 익히고 또래 아이들과 몸을 부딪치며 자라야 한다. 그러나 내 유년은 그 자연스러운 성장에서 조금 비켜나 있었다. 나는 한동네 아이들과 어울리지 못한 채, 외따로 어린 시절을 보냈다. 어쩌면 태생적으로 내 안에는 고요한 고독이 자리 잡고 있었는지도 모르겠다.

마치 외딴섬에서 자라는 아이처럼, 아니면 낯설고 이질적인 세계에 흘러들어온 로빈슨 크루소처럼, 나는 친구 하나 없이 자연과 책을 친구 삼아 시간을 보냈다. 사람의 말보다는 바람 소리와 새의 울음에 더 귀 기울였고, 놀이터 대신 텅 빈 들판으로 나가 나뭇잎 사이로 비추는 햇살과 놀았다.

그 시절의 나는 한편으로 외롭고, 다른 한편으로 충만했다. 바로 그 시절, 내 마음을 가장 설레게 한 것은 지도책이었다. 지도책은 내가 동네를 벗어나 세상과 만나는 첫 창이 되어주었다. 펼쳐진 종이 위로 산이 솟고, 강이 흐르고, 바다가 넘실거렸다. 이름조차 낯선 도시들은 마치 오래된 친구처럼 다정했고, 국경선을 따라 흐르는 굽이굽이의 선들은 마치 세계의 비밀스러운 경계처럼 느껴졌다.

나는 그 작은 종이 위를 걷고 또 걸었다. 손가락 끝이 이끄는 대로 산을 넘고, 강을 따라 흐르고, 바다를 건넜다. 내 상상력은 우리나라는 물론이고, 오대양 육대주를 집 마당 돌아다니듯 싸돌아다녔다. 사하라사막과 태평양을 건너는 게 어렵지 않았다. 상상의 세계에서 나는 누구보다 자유로웠고, 누구보다 멀리 떠날 수 있는 존재였다. 그 상상 속에서만큼은 나는 외롭지 않은 산책자였고 누구보다 용감한 탐험가였다.

그때 내 마음속에 깊이 새겨진 이름들이 있다. 황해도의 사리원, 충청도의 조치원, 제주의 서귀포, 함경도의 청진항…. 이름만으로도 풍경이 떠오르던 그곳들. 나는 그 이름들을 입안에서 굴리며, 마치 그 땅을 밟고 있는 것마냥 상상에 빠지곤 했다. 우리나라를 벗어나면, 남미의 부에노스아이레스, 그리스의 크레타섬, 아프리카의 케이프타운, 그리고 지구 반대편의 시드니…. 이국적인 이름들이 한없이 나를 매혹했고, 나는 지도책을 덮지 못한 채 밤을 지새우기도 했다.

그러던 어느 날, 시선이 모아진 곳은 '강'이었다. 강은 단순한 선이 아니었다. 그것은 흐름이었고, 시간이며, 이야기였다. 이 강은 어디서 시작되어, 어디를 지나, 어디로 흘러가는 것일까? 어떤 강은 북녘 산기슭에서 출발했고, 어떤 강은 좁은 골짜기에서 힘겹게 몸을 키우다가, 끝내는 큰 물살을 이루며 남하했다. 그리고 그 강의 끄트머리에는 언제나 바다가 있었다.

그 여정 속에서 나는 '흐른다는 것'은 무엇인가를 생각했다. 지도에서 도시를 지나고, 산을 넘고, 강을 따라 흘러내려 가다 보면 결국 닿는 것은 바다였다. 그렇다면 바닷물은 또 어디로 흘러가는가? 물음표에는 끝이 없었고, 나는 그 무한한 확장 앞에서 경이로운 현기증을 느꼈다.

보들레르의 시「항해」중에

지도와 판화를 사랑하는 아이에게는 / 우주의 넓이는 그의 광대한 식욕과 같으니 / 아! 램프 빛 밑에서 세계는 얼마나 큰가!

라는 구절이 있다. 보들레르가 경탄했던 세계, 나는 그때부터 외면적으로는 수줍음과 겁이 많은 아이였지만, 내면에서는 어디든 무엇이든 겁내지 않는 탐험가였다. 세상은 설렘으로 가득했고 언젠가 내가 걸어야 할 길이었으며, 마침내 내 삶을 통해 도달해야 할 아득하고 머나먼 꿈이었다.

그렇게 지도 위를 유영하던 아이는 자라서 실제로 길 위에 서게 되었다. 그리고 그 길에서 나는 수많은 사람을 만났다. 어떤 인연은 짧았고, 어떤 인연은 깊었다. 그러나 하나같이 우연처럼 다가왔고, 어느 순간 필연으로 변했다. 가족도 오랜 벗도 아니었지만, 때로는 그들과 버스를 함께 탔고, 때로는 산길을 함께 올랐고, 때로는 낯선 마을에서 같은 국밥을 나눴으며, 같은 지붕 아래에서 잠을 잤던 길 친구들. 길 위에서 만나고 인연을 맺은 내 삶의 동반자, 나는 그들을 '도반道伴'이라 여긴다.

말수가 적은 이에게서는 침묵의 무게를 배웠고, 조잘대는 이에게서는 인생의 수다스러움조차 아름답다는 걸 배웠다. 어린아이에게서 배운 단순함이 있었고, 노인에게서 체득한 오래된 인내가 있었다. 어떤 이는 자신도 모르게 걷는 모습만으로도 가르침을 주었고, 어떤 이는 한마디 말로 내 마음의 매듭을 풀어주었다. 그렇게 나는 사람에게서, 길에서, 사소한 인연에서 배웠다.

길에서 만난 모든 도반이 내게는 스승이었다. 이 말보다 더 정확한 고백이 있을까. 인생이라는 먼길을 걷는 동안, 우리는 누구에게나 무언가를 배우며 나아간다. 때로는 그 배우는 일이 고통스럽고, 때로는 뜻밖의 기쁨으로 다가온다. 그러나 중요한 것은, 배움은 언제나 길 위에서 시작된다는 사실이다. 그리고 그 길에는 반드시 누군가가 함께 걷고 있다. 그들이 곧 우리의 도반이고, 우리의 거울이며, 우리 삶의 진짜 스승이다.

길 위의 스승, 길 위의 제자

언젠가 방송에 출연했을 때, 진행자가 내게 이런 질문을 던졌다. "선생님께서 해오신 일을 이어갈 제자가 있습니까?" 나는 그 말을 듣고 한참을 생각한 끝에 이렇게 대답했다. "없습니다." 그는 다시 물었다. "왜 그렇지요?" 나는 조금 머쓱하게 웃으며 말했다.

"내가 대학교수도 아니고, 인간문화재도 아닌데, 누가 나를 따라 하겠습니까? 나처럼 가난하게 살 사람도, 나처럼 걷고 쓰고 기록할 사람도 흔치 않을 겁니다. 그리고 내가 해온 일을 물려줄 재산도 없고, 월급을 줄 만한 능력도 없지요."

물론 나를 따르는 이들이 없는 건 아니었다. 함께 걷는 이들도 많았고, 강의를 들으러 오는 이들도 있었다. 하지만 그들은 대부분 자신의 건강이나 교양, 혹은 여행의 일환으로 걸었지, 이 땅의 속살을 들여다보고 글로 남기기 위해 걷는 사람은 드물었다. 말하자면 '길을 함께 걸어준 이들'은 있었지만, '길을 이어서 걸어갈 이들'은 없었다는 것이다.

옛 스승과 제자의 관계는 어땠을까?

플라톤의 마지막 순간은 우리에게 생각거리를 준다. 고대 그리스의 철학자 플라톤은 여든을 넘긴 노구였다. 그를 따르던 제자 중 한 사람이 결혼하게 되었고, 스승을 자신의 결혼식 피로연에 초대했다. 플라톤은 그 잔치에 참석해 사람들과 기쁘게 어울려 술잔을 기울이며 웃고 떠들었다. 밤이 깊어지자 그는 잔치 한쪽에 놓인 의자에 조용히 몸을 기댔다.

아침이 되어 사람들이 그를 깨우러 갔을 때, 그는 이미 세상을 떠나 있었다. 소란스러운 제자의 축하연 속에서, 그는 고통 한 점 없이 조용히 세상을 하직한 것이다. 그의 죽음 앞에 아테네 시민 전체가 묘소로 몰려들었고, 스승을 초대한 제자는, 아마도 영광과 슬픔이 뒤섞인 채 그날의 잔치를 기억했을 것이다. 그 마지막이 아름다웠던 것은, 그가 '스승'이었기 때문이 아니라, 그와 제자 사이에 있었던 깊고 정다운 인연 때문이었다.

알베르 카뮈는 그의 스승 장 그르니에의 산문집 『섬』의 서문에서 사제 간의 본질을 이렇게 써 내려갔다.

> 스승과 제자는 존경과 감사의 관계에서만 서로 마주할 뿐이다. 중요한 것은 의식의 싸움이 아니라, 일단 시작하기만 하면 꺼질 줄 모르고, 쉼 없이 서로의 삶을 가득히 채워주는 대화다. 오래 이어지는 이 교류는 예속도 복종도 아닌, 다만 정신적인 의미에서의 모방일 뿐이다.

카뮈는 어린 시절 극심한 가난과 질병 속에 있었다. 어느 날, 학교에 나오지 않는 그를 걱정한 스승 장 그르니에는 카뮈의 집을 물어물어 찾아갔다. 그날이 카뮈의 인생을 바꾸는 전환점이 되었다. 그는 절망 속에서 희망을 찾았고, 결국 스승을 넘어서는 작가이자 철학자가 되었다. 그는 이렇게 덧붙였다.

> 마침내 제자가 스승의 곁을 떠나 또 하나의 독자성을 이루었을 때 스승은 기뻐한다. 제자는 결코 스승에게 아무것도 되돌려줄 수 없음을 알면서도, 그가 모든 것을 받기만 했던 시절에 대한 향수를 간직한다. 이렇게 해서 정신은 여러 세대에 걸쳐 정신을 낳는 것이다.

얼마나 깊고 아름다운 관계인가. 단지 지식을 전달하고 배우는 차원을 넘어, 삶을 나누는 관계. 지식보다 존재가 흐르는 관계. 그것이 진정한 사제지간 아닐까.

괴테는 『금언과 성찰』에서 "진정한 제자는 이미 알려진 것에서 알려지지 않은 것을 배워 스승에 필적해 가는 사람"이라 했고, 셰익스피어는 『햄릿』에서 "자신의 분별심을 스승으로 삼아라"라고 충고했다. 이와 더불어 풍수지리서인 달마대사의 『혈맥론』에는 이런 구절이 있다.

급히 스승을 찾지 않으면 일생을 헛되이 보내리라. 스승 없이 도를 깨친 이는 만 명 가운데 하나도 드물다.

결국, 스승과 제자의 관계는 한 시대를 함께 건너는 인연, 곧 도반道伴이다. 함께 길을 걷는 벗, 삶의 길목에서 서로를 밝히는 등불이자 그림자다. 내 삶을 돌아보면, 그런 도반들이 없었다면 나는 이 먼 길을 걸어올 수 없었을 것이다.

누군가는 앞서 걷고, 누군가는 뒤따라 걷는다. 가끔은 서로를 붙들어주며 걸었다. 어느 날은 말없이 바람만 같이 맞고, 어느 날은 눈물을 삼키며 침묵으로 걸었다. 그들이 있었기에 나는 끝없이 길을 걸을 수 있었다. 그 길 위에서 우리는 모두 서로의 스승이었고, 서로의 제자였으며, 그저 사람으로서 함께 존재한 도반이었다.

길은 사람과 사람을 이어준다. 길은 스승이 되고 주치의가 되며, 마음을 비추는 등불이 되고, 사람과 사물 사이를 중매하는 인연이 된다. 길 위에서 마주친 사람들, 그들과 함께했던 시간들, 그것이 내게는 가장 큰 배움이자 선물이었다.

당신에게는 그런 도반이 있었는가?

어떤 길에서, 누구와 함께 걸어왔는가?

그 길 위에서 당신은 무엇을 나누었고, 무엇을 받았는가?

지금도 나는 길 위에 있다. 여전히 배운다. 여전히 묻는다. 그리고 여전히, 누군가를 기다린다. 도반은 그렇게, 언제나 길 위에서 만나는 법이니까.

내 안의 아이를 찾아서

생텍쥐페리의 『성채』에 실린 글이다.

> 나는 흰 조약돌 세 개를 가지고 놀면서 그것들을 변형시키는 어린이들을 생각했다. '보아라, 이건 전진하는 군대고, 저건 양 떼들이다.' 하고 그들은 말한다. 이 아이의 그 조약돌 세 개는 아무렇게나 쌓여 있는 건축자재보다 더 큰 재산이다. 조약돌 세 개로 함대를 만들고, 그 함대를 폭풍우로 위협할 줄 아는 어린이….

이 글을 처음 읽었을 때 나는 강렬한 인상에 사로잡혔다. 조약돌 세 개로 함대를 만들고, 함대에 폭풍우를 불러오는 아이의 상상력. 그것은 진실로 이 세계를 새롭게 구성하는 창조의 힘이었다. 어른들은 그 힘을 잃어버렸다. 우리는 사물에 이름을 붙이고, 가격을 매기고, 규칙을 세우는 데는 능숙하지만, 조약돌 세 개에 세상을 담을 줄은 모른다.

우리는 언제부터 그런 눈을 잃어버렸을까. 아마도 '현실'이라는 이름으로 세상을 바라보기 시작한 때부터였을 것이다. 사람을 보면 직업을 묻고, 집을 보면 평수를 가늠하고, 물건을 보면 값어치를 따지는 일이 자연스러워진 때부터. 그렇게 우리는 세상을 분류하고 판단하는 어른이 되어간다.

독일의 시인 횔덜린은 "어린아이는 신이다"라고 했다. 율법과 운명의 강제는 어린이에게는 존재하지 않고, 어린이의 내부에는 자유만이 존재한다고 했다. 어린이가 알고 있는 것은 자신의 의욕뿐이며, 죽음에 대하여 아무것도 모르기에 불사의 존재라고도 했다. 어린아이는 법도 모르고, 경계도 모르고, 심지어 죽음도 모른다. 그런데 우리는 어린이를 '교육'이라는 이름 아래 길들이고, '현실'이라는 이름으로 그들의 상상력을 말살한다. 하지만 그들이 잃어버리는 것은 단지 상상력만이 아니다. 그것은 존재의 본래성을 잃는 일이다.

인도의 시인 타고르는 「바닷가에서」라는 시에서 이렇게 노래했다.

하늘은 폭풍 일고, 물 위에 배는 엎어지며 죽음이 배 위에 있지만,

아이들은 놉니다.

아이들이 모여 모래로 성을 짓고 조개껍질로 집을 짓는다. 나뭇잎으로 배를 만들어 끝없이 넓은 바다로 띄운다. 길 잃은 폭풍이 하늘에서 맴돌고, 배들이 뒤집히고, 죽음이 날뛰며 서성대도 아이들의 세상은 평온하기만 하다.

그들은 보화를 찾을 줄도 모르고 그물을 던지는 법도 모르지만 풍요를 누린다. 가진 것이 없지만, 그 무엇보다 큰 세계를 가지고 있기 때문이다.

우리는 그런 아이를 우리 안에서 완전히 잃어버린 것일까. 길을 걷다 보면, 나도 어느새 엉뚱한 상상에 빠지곤 한다. 지나가는 사람의 얼굴에서 어딘가 먼 기억을 떠올리고, 구름 모양을 보고 이름 없는 동물들을 상상한다. 실없는 생각들이 어쩌면 나를 살게 하고, 아픔을 잠시나마 잊게 해준다.

그때마다 깨닫는다. 나도 어린이처럼 세계를 다르게 보고 있다는 것을. 그렇게 보아야만 이 삶을 끝내 놓치지 않고 살아낼 수 있다는 것을.

조약돌 세 개로 함대를 띄우던 아이처럼, 바닷가 모래 위에 성을 짓던 아이처럼, 나도 세상을 다시 바라볼 수 있다면, 나 또한 세상을 변형시킬 수 있으리라. 내 안의 아이를 아직 놓지 않았기에.

인의예지라는 네 가지

요즘 흔히 들리는 말 가운데 하나가 있다. "싸가지 없다." 표현은 거칠지만, 그 뿌리는 깊다. '싸가지'는 '사四 가지', 즉 '네 가지'를 뜻한다. 바로 인仁, 의義, 예禮, 지智, 사람이 사람답게 살아가기 위해 갖추어야 할 네 가지 마음가짐이다. 그러니 이 네 가지가 없다는 것은, 사람으로서 가장 기본적인 품격을 상실한 것을 의미한다. 결국 '싸가지 없다'는 말은 한 인간의 근본을 통째로 부정하는 무서운 말이다.

인의예지, 이 네 가지는 각각 어짊과 의로움, 예의와 지혜를 뜻한다. 인은 타인을 향한 따뜻한 마음, 의는 정의로움에 대한 지조, 예는 절제와 존중의 태도, 지는 삶을 꿰뚫는 통찰이다. 그러나 오늘날, 이 네 가지 덕목은 점점 희미해지고 있다. 지식은 많으나 지혜는 없고,

외양은 번듯하지만, 내면의 덕은 빈약하다. 권력과 부를 좇는 데 익숙해진 사회, 그 속에서 사람들은 인간됨보다 유용성을 먼저 따진다.

고대 그리스 문헌학자 롱기노스는 『숭고에 관하여』 제13장에서 플라톤의 말을 인용해 이렇게 적었다.

> 지혜와 덕을 모르고 언제나 연회 같은 것에 열중하는 사람들은 아마도 아래를 향하여 움직이며, 그곳에서 평생 헤매게 될 것이네. 그들은 진리를 쳐다본 적도 없고, 위를 향해 움직인 적도 없으며, 확실하고 순수한 쾌락을 맛본 적도 없다네. 그들은 가축처럼 언제나 아래만 내려다보며 대지의 식탁 위로 머리를 숙이고는 먹이를 먹고 교미한다네. 그리고 그들은 그런 것들을 더 많이 차지하기 위해 무쇠의 뿔과 발굽으로 서로 차고 서로 떠받다가 욕망이 충족되지 않으면 서로 죽인다네.

2,500여 년 전의 이 경고는 오늘날 우리 사회의 초상처럼 느껴진다. 인간의 욕망은 그 끝을 모르고, 삶의 의미는 실용과 효율이라는 이름 아래 휘발되고 있다. 지혜와 덕은 구시대의 말처럼 치부되며, 이익과 성과가 곧 존재의 기준이 되고 있다.

이런 시대에 우리가 돌아보아야 할 목소리가 있다. 조선 후기의 문장가 이덕무는 『청장관전서』 「이목구심서」 제3권에서 이렇게 묻는다. "예부터 한 가지라도 조그마한 재주를 지니게 되면 비로소 눈앞에 보이는 사람이 없게 되고, 스스로 한쪽에 치우친 지식을 믿게 되면 차츰 남을 업신여기는 마음이 생겨서 작게는 욕하는 소리가 몸을 덮게 되고 크게는 화환禍患이 따르게 된다. 이제 그대가 날로 글에 마음을 두니 힘써 남을 업신여기는 자료를 마련하자는 것인가?"

이에 대해 이덕무는 스스로를 경계하며 답한다. "감히 조심하지 않겠는가." 그는 이어서 『주역』을 인용한다.

분노를 참고, 욕심을 억제하며, 말을 삼가고, 음식을 절제하라.

그는 이 네 가지를 '인생의 큰 방축防築이요, 심학心學의 큰 대업'이라 표현했다. 즉, 수양과 생존의 바탕은 외적 성공이 아닌 내면의 자제에 있다는 것이다. 분노는 마음의 불을 지피고, 욕망은 뜻을 새게 하며, 말은 기운을 흩트리고, 음식은 의지를 약하게 만든다. 그러니 참아야 하고, 억제해야 하며, 삼가고 절제해야 한다. 쉽지 않지만, 그래서 더욱 값진 길이다.

이덕무의 가르침은 오늘날에도 유효하다. 조금만 재주가 있으면, 조그만 지위나 부를 가졌다고 생각되면, 사람들은 자기도 모르게 다른 이를 얕잡아 본다. 말을 함부로 하고, 분노를 쉽게 드러내며, 자제 없는 욕망에 휘둘린다. 이것은 인의예지의 부재, 곧 '싸가지 없음'의 본질이다.

"참고, 억제하고, 삼가며, 절제하라."

이 네 마디는 인간이 인간답게 살아가기 위한 가장 기본이자 가장 어려운 태도다. 나도 살면서 그 어려움을 실감했다. 아무리 맛있는 음식도 내 몸이 허락하는 만큼만 먹어야 하고, 아무리 하고 싶은 말도 끝까지 다 하지 않아야 할 때가 있다. 좋은 옷, 좋은 집, 높은 자리, 그것은 결국 지나가는 것들이다. 오히려 욕심을 조금 남기고, 말도 조금 남기고, 사랑도 조금 남겨두는 일. 그것이야말로 아름다운 절제다.

이제 우리는 다시 가르쳐야 한다. 인의예지를, 사람다움의 기초를. 실용 앞에 양심이, 속도 앞에 성찰이, 이익 앞에 덕이 서야 한다. 그것이 교육의 본령이요, 사회를 바로잡는 시작점이다.

마지막으로 이덕무의 말을 빌어 말하자면, '힘써 남을 업신여기지 않기 위한 자료'를 오늘 우리도 준비해야 한다. 그리고 자신에게 물어야 한다. 나는 과연 지금 배움을 실천하고 있는가? 자신을 절제하며 수양하고 있는가?

관계의 온도

요즘 젊은이들 사이에 결혼을 미루거나 아예 하지 않으려는 경향이 확연하다. 설령 결혼을 하더라도 자녀를 두지 않겠다는 이들도 많다. 단순히 경제적 부담 때문만이 아니다. 아이를 낳는다는 것은 곧 아이를 키우고, 미래를 준비해주어야 한다는 막중한 책임감에서 비롯되는 회피이기도 하다.

하지만 이런 현상을 더 깊이 들여다보면, 결혼이나 육아에 대한 부담을 넘어서 관계 맺기 자체에 대한 근본적인 어려움이 자리하고 있다. 사람들은 점점 다른 사람과 깊이 연결되는 것을 힘들어한다. 상처받을 위험을 감수하느니 혼자 사는 편이 낫다고 여긴다. 사실 관계는 복잡하고 예측하기 어려우며, 때로는 고통스럽기까지 하다.

셰익스피어는 『로미오와 줄리엣』에서 이렇게 말했다.

> 무릇 이 세상의 생물로서 아무리 해로운 것일지라도 무언가 특수한 이로움을 세상에 주지 않는 것이 없고, 아무리 좋은 것도 그 용도를 그르치면 본성에 어긋나 남용의 해를 면치 못하는 법, 덕도 잘못 쓰면 악으로 변하고, 악도 쓰기에 따라서는 선이 될 수 있다.

이 말은 관계에도 그대로 적용된다. 어떤 관계도 단순히 좋기만 하거나 나쁘기만 한 것은 없다. 가족은 따뜻한 안식처가 될 수 있지만 때로는 속박이 되기도 한다. 사랑은 삶의 의미를 주지만 동시에 고통의 원인이 되기도 한다. 우정은 힘이 되지만 때로는 부담스럽기도 하다. 그러니 관계의 어려움만을 보고 관계 자체를 포기한다면, 우리는 삶의 가장 소중한 부분을 잃게 된다.

프란츠 카프카는 평생 독신으로 살았지만 이런 말을 남겼다.

> 결혼해서, 가족을 이루고, 태어나는 어린아이들을 모두 거두어들이고, 이 불확실한 세상에서 그들을 키우고, 하다못해 그들을 그들 버릇대로 약간 이끄는 것이야말로, 제가 생각하기에는 한 남자가 성공적으로 이끌 수 있는 최선의 길입니다.[23]

관계의 복잡함을 누구보다 잘 알았던 카프카조차 가족을 이루는 것을 인생의 최고 과업으로 여겼다. 그것은 단순한 생존이 아니라, 다음 세대를 향한 사랑의 표현이자 우주의 순환 속에서 인간이 수행하는 본능적인 위탁이다.

『장자』에는 이런 구절이 있다.

> 천금의 보석은 이익으로 인연이 맺어졌고, 어린 자식은 자연의 힘으로 맺어졌다. 이익으로 맺어진 것은 위급하면 버리지만, 자연의 힘으로 맺어진 것은 위급하면 거두어들인다. 이로써 보면 대저 거두어들이는 것과 버리는 것의 거리가 얼마나 먼 것인가.

돈으로 맺어진 관계는 위기 앞에서 단절되지만, 사랑으로 맺어진 관계는 오히려 더 단단해진다. 그 힘이 바로 우리가 인간으로서 살아갈 수 있는 이유다. 현대사회가 그 '자연스러운 관계'마저도 의심하게 만든다면, 오히려 더 절실하게 '관계의 회복'을 이야기해야 할 때인지 모른다.

---

23 프란츠 카프카, 『카프카의 편지』

살면서 나는 관계에도 온도가 있다는 걸 배웠다. 너무 뜨거우면 서로 상처를 주고, 너무 차가우면 멀어져버린다. 가족이든 친구든, 동료든 이웃이든, 우리는 적절한 거리를 유지하며 살아가는 법을 익혀야 한다. 모든 것을 다 말하지도 않고, 모든 것을 다 숨기지도 않으면서. 때로는 가까이, 때로는 조금 떨어져서, 서로의 온기를 나누는 것.

결혼을 하든 하지 않든, 자식을 낳든 그렇지 않든, 각자의 자리에서 관계를 맺고 기쁨과 슬픔을 나누는 것. 그것이 바로 우리가 이 세상에서 성공적으로 살아가는 방법이 아닐까. 관계의 온도를 조절하며, 혼자서는 할 수 없는 일들을 함께 해나가는 것 말이다.

> 나를 떠나, 너 자신이 되어라

5월 15일, 스승의 날이 되면 존경하는 스승들의 얼굴과 함께 다음과 같은 한 마디가 떠오른다. '자왈子曰'. 논어의 첫머리를 거의 언제나 장식하는 이 말 다음에, 시대를 뛰어넘어 사람들의 인생을 쥐고 흔드는 공자의 통찰이 따라나온다. 그러니 별 의미조차 없어 보이는 '자왈', 즉 '선생님께서 이렇게 말씀하셨다.'를 주목하기란 쉽지만은 않아 보인다. 하지만 얼마나 따뜻한 문장인가. 고난을 겪어본 사람에게는 스승의 그런 말 한마디가 큰 위안이 된다. 참 스승도 참 제자도 찾기 힘들어진 오늘날의 사회에서는 특히 그렇다. 오죽하면 키르케고르가 『유혹자의 일기』에서 "주의 깊은 제자는 언제나 스승의 입술에 매달려 있습니다"라고 썼을까.

그런데 큰 스승에게 우리가 기대하는 저런 위안은 때로는 함정이 되기도 한다. 스승의 말에 의지하는 것과, 스승의 말에 의존하는 것은 전혀 다른 일이다. 참 스승이 드물어진 탓인지, 사람들은 권위 있는 누군가의 말이라면 오히려 별다른 의심 없이 받아들이고 싶어 한다. 전문가라는 명찰이 달린 사람의 말이라면 무조건 따르고, 유명한 사람의 한마디면 그대로 믿는다. 스스로 생각하기보다는 다른 사람의 생각을 빌려오는 일이 더 편하기 때문만은 아닐 것이다.

고대 철학자 제논은 제자들을 두 종류로 나누었다.

두 종류의 제자가 있다. 하나는 사물 자체를 배우는 데 열중하는 자들로서 필로로고스philologos라 부르며, 내가 사랑하는 제자들이다. 다른 하나는 말에만 주의를 기울이는 로고필로스logophilos다.

말만 좇는 제자와 그 말 너머의 본질을 꿰뚫으려는 제자. 두 종류의 제자는 전혀 다른 길을 걷는다.

니체는 『차라투스트라는 이렇게 말했다』에서 단호히 말한다.

나의 제자들이여, 나는 이제 혼자서 갈 것이니, 그대들 또한 혼자서 가라. 내게서 떠나라. 차라투스트라에게서 멀어져라. 언제까지고 제자로 머무는 것은 스승에 대한 도리가 아니다. 그대들이 나를 부정할 때, 나는 진정으로 그대들에게 돌아가리라.[24]

플라톤은 저 유명한 '동굴의 비유'에서 이렇게 말한다. 동굴 밖의 햇빛을 본 자가 다시 동굴로 들어왔을 때, 그는 어둠에 적응하지 못해 사물을 제대로 보지 못한다. 동굴 속 사람들은 그를 비웃고 실패자로 치부한다. 하지만 새로운 빛을 본 자는 다시는 그 어둠 속에 편히 있을 수 없다. 사람은 동굴에서 시작했지만, 동굴을 초월해야 한다. 스승과 제자 사이도 결국은 마찬가지다. 다름아닌 플라톤 자신이 바로 그런 사람이었다. 그가 스승 소크라테스의 대화법에만 머물렀다면 『국가』나 『티마이오스』에서 등장하는 독창적 철학을 펼칠 수 없었을 것이다. 소크라테스를 뛰어넘었기에 오늘 우리가 플라톤을 기억하는 것이다.

주자도 말했다.

작게 의심하면 작게 진보하고, 크게 의심하면 크게 진보한다.[25]

---

24 프리드리히 니체, 『차라투스트라는 이렇게 말했다』, 「선사하는 덕에 대하여」
25 주희, 『주자어류朱子語類』

의심은 반항이 아니다. 그것은 새로운 인식의 문을 여는 열쇠다. 의심 없는 신봉은 지적 나태함을 낳을 뿐이다.

나 역시 책을 통해 수많은 스승을 만났다. 어떤 때는 공자의 말에 깊이 감동받았고, 어떤 때는 칸트의 논리에 완전히 설복당했다. 그러나 시간이 지나면서 깨달았다. 그들의 말을 그대로 받아들이는 것만으로는 충분하지 않다는 것을. 의심하고, 질문하고, 때로는 반박해야만 비로소 그 가르침이 내 것이 된다는 것을 말이다.

오늘날 우리가 경계해야 할 것은 종교적 맹신만이 아니다. 정치적 열광, 유명인에 대한 무분별한 추종, 사상에 대한 무비판적 수용. 이런 것들이야말로 현대판 우상숭배다. 생각하기를 멈추고 누군가의 말에 의지하려는 순간, 우리는 스스로를 포기하는 것이다.

니체가 "나를 떠나라"고 말한 것은 단절을 의미하지 않는다. 그것은 성숙을 위한 초대장이다. 진정한 스승이란, 제자가 결국 자기 자신이 되도록 도와주는 사람이다. 길을 가르치는 것이 아니라 길을 스스로 찾도록 하는 것. 의존하게 만드는 것이 아니라 독립하게 만드는 것. 그것이 오늘 우리가 되새겨야 할 스승의 모습이다.

> 아직 가야 할 길이 많이 남아 있다

정도전은 이색의 아버지인 가정 이곡에게 학문을 배웠다. 이곡과 정도전의 아버지가 나이 차가 많았지만, 나이 따위는 시답잖게 여기는 친구였기 때문이다. 예부터 사람들은 자식에게 직접 글을 가르치는 것을 피하는 경향이 있었다. 왜일까? 자식에 대한 사랑과 가르침은 또 다른 문제이기 때문이다.

『맹자』에는 공손추가 맹자에게 한 질문이 실려 있다.

군자는 어째서 자기 자식을 직접 가르치지 않습니까?

이에 맹자는 이렇게 답한다.

자연히 그렇게 되는 것이다. 교육의 목적은 자식을 올바른 인간으로 만들기 위한 것이다. 하지만 자식이 공부에 열중하지 않으면 부모는 화를 내게 되고, 아이는 부모의 말에 반발하게 된다. 아이는 '나더러 올바르게 살라고 하시지만, 아버지 자신은 어떤가?'라며 속으로 반발한다. 그러니 결국 서로 사이가 멀어지고, 교육은 실패하게 된다.

맹자의 이 말은 단지 가르치고 배우는 관계의 어려움을 넘어, 관계 속에서 지켜야 할 경계와 절제를 시사한다. 이는 부모와 자식뿐만 아니라 부부 사이에도 마찬가지다. 운전면허를 따고 처음 도로에 나서려는 배우자에게 운전을 가르치려 들다 보면, 연습보다 다툼이 먼저 시작되는 일이 허다하다. 가르침이란 그렇게 쉽지 않다.

요즘은 '서로 자식을 바꾸어 가르친다'는 옛말도 사라졌다. 교육마저 외주화되어, 우리는 자식의 인생을 직업적인 교사에게 맡긴다. 그러나 그 대가가 결코 가볍지 않다. 점점 불어나는 사교육비, 입시 경쟁, 학부모의 불안은 도처에 차고 넘친다. 수능이 가까워질 무렵이면 집집마다 긴장감이 감돌고, 거리마다 학원 버스가 분주히 오간다.

  무엇이 문제일까? 우리는 언제부터인가 사람마다 다른 고유성을 무시한 채, 같은 문제를 풀고, 같은 시험을 치르며, 같은 기준으로 아이들을 평가하는 기이한 체제에 익숙해졌다. 그럴 때마다 떠오르는 글이 있다. 연암 박지원의 『연암집』「녹천관집서綠天館集序」에 실린 문장이다.

> 거울에 비춘 모습은 좌우가 반대니, 어찌 같다고 할 수 있겠는가? 물속에 비친 형상은 본말이 뒤바뀌니, 어찌 비슷하다 하겠는가? 한낮엔 그림자가 땅딸보가 되었다가, 해 질 무렵엔 키다리가 되니, 이 어찌 같다고 말할 수 있겠는가? 말하고 있는 그림에선 소리가 들리지 않고, 걷는 모습의 그림에선 발소리가 나지 않으니, 그것을 닮았다 할 수 있겠는가? 결국 '같음'을 추구하는 것 자체가 어긋난 것이다. 무엇 때문에 굳이 같아지려 하는가?

우리는 오랫동안 '같은 것'을 추구해왔다. 제도는 평균을 만들었고, 그 평균 위에서 순위를 매겼다. 그 틀에서 벗어난 사람들은 '문제아'가 되었고, 적성에 맞지 않는 사람들은 다른 길을 선택하면서도 늘 불안에 시달려야 했다. 대학 서열이 곧 인생의 성적표가 되고, 좋은 직장 하나가 인생 전체를 결정하는 듯한 사회 분위기 속에서, 우리는 무언가를 잃고 있다. 아니, 이미 많이 잃어버렸는지도 모른다.

그러나 박지원은 또 다른 글에서, 희망을 말한다. 제자 박제가의 문집인 『초정집』 서문으로 쓴 「초정집서」에서 그는 이렇게 썼다.

> 천지는 아무리 오래되었어도 늘 새로워지고, 해와 달도 그 빛이 날마다 새롭다. 문헌은 아무리 방대하다 해도 그 뜻은 다 다르다. 날고, 뛰고, 기는 동물들 중 이름 붙이지 못한 것이 아직도 있으며, 산과 들에는 밝혀지지 않은 신비가 있다. 썩은 흙에서 지초芝草가 나고, 썩은 풀더미에서는 반딧불이 생긴다. 예악禮樂에도 논쟁이 있고, 책 속의 말은 다 하지 못하며, 그림조차 뜻을 다 담지 못한다.

이 얼마나 다정한 위로이며, 얼마나 강인한 희망인가? 인류가 다 해냈다고 믿는 그 모든 것들은 사실 아직 끝나지 않았다. 여전히 이름 붙이지 못한 별들이 있고, 아직도 걷지 않은 길이 있다. 쓰지 않은 시가 있고, 그리지 않은 풍경이 있으며, 연주되지 않은 음악이 우리 앞에 펼쳐져 있다.

"물의 모습을 그려본 적 있는가?"라는 연암의 질문 앞에서 우리는 다시 묻는다. 정말로 이 세상에 더 이상 그릴 것이 없을까? 더 이상 써야 할 문장이 없을까? 아니다. 아직도, 우리는 갈 길이 남아있다. 해야 할 일이, 해야 할 말이, 살아야 할 방식이, 꿈꿔야 할 세계가 있다.

그러므로 아직 늦지 않았다. 남들이 다 해놓았다고 포기할 이유도 없고, 남들이 가버린 길을 뒤쫓을 이유도 없다. 나의 길은 오직 나만이 갈 수 있다. 나의 속도로, 나의 호흡으로, 나의 언어로. 세상이 만들어 놓은 틀, 제도, 규칙이 때로는 우리를 막아설 수도 있다. 그러나 중요한 것은 마음이다. 마음을 바꾸면, 세계가 바뀐다. 우리가 가야 할 길은 아직 멀고, 가보지 않은 길은 여전히 눈앞에 펼쳐져 있다.

그러니 가자. 용감한 자에게만 열려있는 그 길로. 비록 가다가 쓰러질지라도, 우리는 쓰러진 그 자리에서 새로운 이야기를 쓸 수 있을 것이다.

원숭이도 나무에서 떨어진다

가끔 세상을 들여다보면 신기할 때가 있다. 가까이서 볼 땐 뒤엉켜 있는 듯한 일들이, 멀찍이 떨어져서 보면 묘하게 조화를 이루며 돌아가고 있다. 비틀거리는 듯하나 결국 중심을 잡는 톱니바퀴처럼, 어긋날 법한 흐름이 하나의 원리 속에 귀속되어 움직인다. 세상이 돌아가는 이치, 우주의 이치란 그런 것이다. 얼핏 보기엔 엉망처럼 보여도 큰 틀에서는 맞물린 조화가 있다.

바둑의 원리도 이와 닮았다. 고수의 바둑은 어지러워 보이지만, 실상은 촘촘히 짜인 전략이다. 그러나 그 촘촘함을 비집고 허튼 생각 하나가 끼어들 때 전략은 무너지고 승부는 기울고 만다. 이른바 패착이다. 그럴 때 흔히 우리는 이렇게 말한다. "원숭이도 나무에서 떨어진다."

누구도 실수에서 자유롭지 않다. 아무리 뛰어난 이라도 그 한계를 넘어서면 어느 순간 균열을 드러낸다.『삼국지연의』의 제갈공명, 지혜와 계략의 대명사로 칭송받는 이조차도 예외는 아니었다. 그는 천재였지만, 어쩔 수 없는 한 인간이기도 했다.

제갈공명이 오장원에 진을 치고 위나라의 사마의에게 결전을 요구하던 때의 일이다. 그러나 사마의는 요지부동이었다. 웅크린 채 굴속에 틀어박혀 나오지 않았다. 답답해진 공명은 조롱을 담아 사마의에게 부인네의 관복을 담은 상자와 도전장을 보냈다.

"굴속에만 웅크린 그대의 모습이 아낙네와 무엇이 다르리요? 당당히 나와 승부를 보시오." 사마의는 분노했지만 내색하지 않았다. 오히려 공명이 보낸 사자를 정중히 접대한 후, 슬쩍 물었다. "공명은 요즘 어떻게 지내는가? 침식은 어떠하며, 맡은 일은 많은가?" 사자는 아무 생각 없이 대답했다.

> 승상께서는 새벽에 일어나 밤늦게야 잠자리에 드십니다. 하루에도 수십 건의 일들을 일일이 직접 결재하시고, 군율을 어긴 자에게 직접 형벌을 내리기도 하십니다. 식사는 하루 몇 홉도 되지 않습니다.

사마의는 조용히 미소 지었다. 곁의 장수들에게 말하기를,

> 먹는 것은 적고, 일은 많으니 오래 버티지 못하겠군.

그 말은 사자를 통해 공명에게 전해졌다. 공명은 이를 듣고 깊은 탄식을 내쉬었다. "그 사람은 나를 너무 깊이 아는구나…." 그 탄식은 단순한 감탄이 아니었다. 그 말에는 조롱으로도 사마의를 끌어내지 못하고, 오히려 자신의 내면 깊은 피로와 번민을 들킨 데 대한 후회가 배어 있었다. 외유내강의 적수, 사마의는 이미 공명의 육체적 한계를 간파하고 있었던 것이다.

공명의 곁에는 주부 양옹이라는 인물이 있었다. 그는 공명을 안타깝게 바라보며 정중히 충언을 올렸다. "승상께서는 모든 장부를 친히 검토하시고, 크고 작은 일에 마음을 쓰십니다. 허나 다스림에는 원칙이 있습니다. 윗사람과 아랫사람이 각자 제 역할을 지켜야 하며, 주인은 사소한 일에 관여하지 않아야 합니다. 남종은 밭을 갈고, 여종은 밥을 짓는 것이 집안의 이치 아닙니까? 주인은 다만 안에서 베개를 베고 누워 편안히 집안을 둘러보면 됩니다. 허나 주인이 나서서 직접 밭을 갈고 음식을 짓는다면, 몸은 지치고 정신은 혼란해져 결국 아무것도 이루지 못하게 되지요. 이는 집주인이 종보다 못해서가 아니라, 도를 잃었기 때문입니다. 그러므로 옛사람들은 도를 논하는 자를 삼공三公이라 하였고, 일을 행하는 자는 사대부라 하였습니다."

그는 두 고사를 더 예로 들었다. "한나라의 명재상 병길丙吉은 길가에 사람이 죽어있어도 눈길 한 번 주지 않았지만, 소가 기침하는 것은 걱정했습니다. 진평은 창고에 쌓인 곡식과 돈의 양조차 몰랐지만, 맡은 이가 있다는 말만 했지요. 이것이 바로 큰일을 맡은 이의 여유요, 도입니다."

그러나 공명은 그러지 못했다. 그는 유비로부터 물려받은 촉의 대권을 홀로 짊어지고 있었다. 유비도, 관우도, 장비도 이미 이 세상 사람이 아니었다. 공명은 믿을 사람이 없었고, 스스로 모든 것을 감당해야 했다. 정무는 물론 군사까지 손수 챙겼고, 매일 매질과 병력 훈련까지 빠짐없이 살폈다. 그렇게 한 몸이 열 사람 몫을 하는 나날이 이어졌다. 사마의의 말대로였다. "먹는 것은 적고, 일은 많으니 오래 버틸 수 있겠는가."

그 예언처럼, 그해 8월 13일, 제갈공명은 오장원에서 쉰넷의 나이로 세상을 떠났다. 신선이 아닌 인간이기에 지칠 수밖에 없었고, 아무리 총명해도 자기 운명까지는 꿰뚫지 못했던 것이다. 그는 뛰어났지만, 과로에 쓰러졌다. 뛰어난 자일수록 책임이 무거워지고, 주변을 신뢰하지 못한 나머지 모든 것을 떠맡다 보면, 결국 자신을 소모시키고야 만다.

"지혜가 많으면 근심도 많고, 지식을 더하는 자는 번뇌를 더하느니라." 『전도서』 1장 18절의 말이다. 공명은 지혜로운 자였으나, 그것이 오히려 그를 파멸로 이끌었다. 세상 사람들은 뛰어난 이를 더욱 기대하고, 그 기대는 종종 고독으로 이어진다. 스스로 일을 감당하며 믿을 만한 이가 없던 그는 결국 자신을 갉아먹고 만 것이다.

오늘날에도 그런 이들이 있다. 누구 하나 믿을 수 없고, 맡길 사람이 없다는 이유로 모든 짐을 짊어진 사람들. 누구보다 성실하고 유능하지만, 정작 자기 자신을 돌보지 못하는 사람들. 그렇게 스스로를 다 써버린 채 무너지는 이들. 제갈공명의 이야기는 시대를 초월해 울림을 준다. 사람은 신이 아니다. 가끔은 실수도 하고, 때론 운수가 뒤틀릴 때도 있다. 그러니 서로의 역할을 존중하고, 맡긴다는 신뢰의 미덕을 기억해야 한다.

   세상은 혼자 짊어지는 것이 아니다. 저마다의 역할이 있으며, 그것을 충실히 수행하는 것이 조화를 이루는 길이다. 제갈공명의 삶은, 그의 천재성보다 그 무너짐의 순간에서 더 큰 교훈을 준다.

   그래서 하는 말이다, 원숭이도 나무에서 떨어진다. 그것이 이 세상, 인간의 법칙이다.

> 꾸준히, 부드럽게, 그러나 멈춤 없이

어느 해 여름, 전라북도 제1기 천릿길 문화유산 해설 교육을 맡게 되었다. 전문 길 해설사 양성을 위한 교육이었다. 도내 각 시·군에서 모인, 나이도 성향도 살아온 인생도 각기 다른 사람들이 '길'을 공부하고, '길'을 풀어주는 사람이 되기 위해 한자리에 모였다.

그들이 해야 할 일은 단순한 안내가 아니다. 길을 걷는 이들에게 그 지역의 역사와 문화, 그리고 그 안에 스며든 삶의 흔적들을 풀어내는 것, 말하자면 '길 위의 교육자'가 되는 일이었다.

교육이란 무엇인가. 누군가를 가르친다는 건 쉽지 않은 일이다. 물론 배우는 일은 더 어렵다. 무엇이든 마음껏 그릴 수 있는 백지 같은 어린아이와 달리, 살 만큼 살아온 성인에게 배움이란 때로는 완고하게 고정된 틀을 해체하는 과정이기도 하다. 과연 내가 내 앞에 모인 수강생들에게 제대로 된 교육을 선보이는 게 가능할까? 그 결과를 예측하는 건 쉽지 않다. 성경에서 지혜자 솔로몬은 이렇게 말한다.

주의 깊은 제자는 스승의 입술을 주시하고, 적절한 대답은 달콤한 입맞춤과 같다.

하지만 현실은 그런 이상처럼 정갈하지 않다. 교육은 내 욕심만으로 될 일이 아니다. 아무리 내가 열정적으로 준비해도, 책만 붙잡는다고 악착같이 한다고 열리는 것도 아니다. 가르치는 이와 배우는 이, 시간과 태도, 그리고 무엇보다 마음의 합이 맞아야 비로소 무언가 열릴 수 있다.

특히 나이도 성향도 살아온 인생도 각기 다른 성인들을 대상으로 한 교육은 더욱 복잡하다. 젊은이들처럼 표준화된 방식으로 접근하기 어렵다. 각자가 이미 자신만의 견해와 경험을 가지고 있고, 때로는 그것이 새로운 배움을 가로막는 장벽이 되기도 한다. 샬롯 브론테는 『제인 에어』에서 이렇게 말한다.

당신이 열심히 노력하는 경우, 때가 되면 당신 스스로도 흡족할 만한 존재가 될 수 있다는 사실을 확인하게 될 거야. 오늘부터 당신의 생각과 행동을 바로잡겠다는 결심으로 살기 시작한다면, 당신은 몇 년 안에 결점이 사라지고 신선한 추억의 저장고를 하나 쌓게 될 거야.

'나'의 결함을 있는 그대로 인정하고 조금씩 그 결함을 다듬으며 더 나은 자신을 만들어가는 것. 그 과정 자체가 곧 교육이고 공부라는 이야기다. 하지만 안타깝게도 오늘날 교육의 풍토는 그런 '다듬음'의 태도와는 멀어지고 있는 듯하다. 교육의 목적이 삶의 깊이가 아닌 스펙이 되고, 배움이 자발성이 아닌 의무가 되어버린 시대. 모두들 자신의 부족함을 알아차리는 대신, 완벽함을 포장하기 위해 교육을 받는 시늉만 계속한다. 특히 성인 교육에서는 이런 문제가 더욱 두드러진다. 대부분 공공기관이나 기업 차원의 의무 참여 단체 교육, 형식적인 이수 기준만 충족하면 되는 비자발적 교육만을 경험하고, 자발적이라고 해 봤자 대체로 자격증 취득이 목적인 강의가 대부분이다. 진정한 배움에 대한 갈증은 찾아보기 힘들다.

그럼에도 배움의 본질은 타인에 의해 주어지는 것이 아니다. 누구도 대신해줄 수 없는 길이며, 누구에게 전가할 수도 없는 자기 몫의 수련이다. 더구나 내가 담당한 교육은 '길'을 배우는 교육이다. 길은 걷지 않으면 길이 아니고, 말로 설명하는 순간 퇴색되는 것들이 있다. 길은 발로 익히고, 눈으로 살피며, 마음으로 받아들여야 진짜가 된다. 교실에서의 이론 교육만으로는 한계가 있을 수밖에 없다.

그래서 나는 마음먹는다. 비록 험난하고 서툴지라도 최선을 다하자. 완벽한 교육은 불가능하더라도, 그 믿음을 열 번이고 스무 번이고 되뇌자고. 마치 낙숫물이 바위를 뚫듯 꾸준히, 부드럽게, 그러나 결코 멈추는 일 없이. 그렇게 가르치고, 그렇게 배워간다면 샬롯 브론테가 말한 것처럼 '신선한 추억의 저장고'를 하나둘 쌓아갈 수 있지 않을까?

각자가 자신의 지역과 문화에 대해 새롭게 눈뜨고, 그것을 다른 이들과 나누고자 하는 마음을 갖게 되는 것. 그리고 계속해서 배우고 성장하고자 하는 의지를 품게 되는 것. 그런 변화가 일어난다면, 그때 우리는 이렇게 말할 수 있을 것이다. '세상의 모든 것이 내 마음에 드는구나.'

4부

옛 스승의 품격

"참된 가르침은 나직하지만 오래 남는다.
말보다 삶으로."

맹자, 바꿀 수 있는 것에 집중하라

세상살이가 팍팍할 때면 문득 율곡 이이의 말을 떠올린다.

> 사람이란 지혜로운 것보다 더 아름다운 것이 없다. 어진 것보다 더 귀한 것은 없다.

『격몽요결』에 나오는 이 문장을 처음 읽었을 때는 너무 당연한 소리 같았는데, 나이가 들수록 그 무게는 다르게 느껴진다.

율곡은 「입지장」에서 인간의 한계와 가능성을 명확히 구분했다.

> 사람은 타고난 용모를 바꾸어 추한 것을 곱게 바꿀 수도 없으며, 타고난 힘이 약한 것을 강하게도 할 수 없고, 키가 작은 것을 크게 할 수도 없다. 그러나 오직 한 가지 변할 수 있는 것이 있다. 그것은 마음과 뜻이다.

이 말이 특별한 것은 체념을 권하는 것이 아니라 희망을 제시하기 때문이다. 우리는 외모나 체력, 타고난 재능을 바꿀 수는 없지만, 마음가짐과 의지는 얼마든지 달라질 수 있다는 것이다. 율곡은 이를 "사람의 마음이란 비어 있음과 차 있음이 본래 타고난 것에 구애되지 않기 때문"이라고 설명했다.

율곡의 교육철학에서 가장 중요한 것은 '뜻을 세우는 것'이었다. "뜻을 세우는 것이 가장 고귀하다고 말하는 것은, 이 뜻을 가슴에 품고 부지런히 공부하면서도 조금도 뒤로 물러서지 말라는 것이다." 여기서 공부는 단순한 지식 습득이 아니라 인격 수양을 의미한다.

단지 뜻이라고 하면 너무 막연하게 여겨진다. 율곡은 「지신장」에서 자허원군의 글을 인용하며 구체적인 방법을 제시한다. "아무런 이로움이 없는 말을 쓸데없이 지껄이지 말고, 자기에게 관계없는 말을 함부로 하지 말라. 어떤 물건이 순리로 오거든 그것을 막지 말고, 물건이 이미 나에게서 떠나갔거든 좇으려고 애쓰지 말라."

이런 가르침들을 보면 율곡이 추구한 것은 결국 '분수를 아는 삶'이었다. 명나라 왕세정이

산에 사는 것은 좋은 일이지만, 조금이라도 거기에 미련을 가지고 연연하면 사람이 많은 곳에 있는 것과 같다.

라고 한 것처럼, 좋은 것도 탐욕이 개입되는 순간 독이 된다는 것이다.

그는 또한 현실적인 지혜도 놓치지 않았다. "총명한 사람도 때로는 어둡고 실수할 때가 있고, 아무리 바르게 세운 계획이라도 어쩌다 잘못되는 수도 있다"며 완벽함을 추구하기보다는 꾸준함을 강조했다. 언제나 절약하고 청렴해야 한다는 당부도 빠뜨리지 않았다.

결국 율곡이 말하고자 한 것은 간단하다. 바꿀 수 없는 것은 받아들이고, 바꿀 수 있는 것에 집중하라는 것이다. 외모나 재능보다는 마음가짐을, 결과보다는 과정을, 욕심보다는 분수를 택하라는 것이다.

맹자가 "사람들은 누구나 요순이 될 수 있는 본성을 가지고 있다"고 했던 것처럼, 율곡도 누구든 올바른 뜻을 세우고 꾸준히 정진하면 "대부분 올바른 사람의 지경에 들어갈 수 있다"고 믿었다. 그 믿음이 500년이 지난 지금도 여전히 울림을 주는 이유일 것이다.

루소, 어린이라는 우주

"저 어린 것이 뭘 안다고." 어른들이 흔히 내뱉는 말이다. 그러나 이 말에는 보이지 않는 오만이 숨어 있다. 어린이는 모른다기보다, 어른이 모르는 방식으로 세상을 안다. 그들에겐 그들만의 언어와 세계가 있으며, 그 세계는 나름의 질서와 아름다움을 지닌 하나의 완결된 우주다.

장자크 루소는 그의 저서 『에밀』에서 말했다.

대부분의 사람들은 어린이에 대해 문외한이다.

왜일까? 어른은 언제나 자신이 쌓은 경험과 고정관념으로 어린이를 바라본다. 그 결과, 어린이의 세계를 '지도'하기보다는 '주입'하려 들고, 이해하기보다는 복종시키려 한다. 루소는 이러한 그릇된 인식과 태도를 날카롭게 비판하며, 아이는 단지 '미숙한 존재'가 아니라고 주장했다. 아이는 아이로서 온전한 존재이며, 그 시기의 삶과 인식은 그 자체로 고유하고 존중받아야 한다는 것이다.

신약성서『고린도전서』13장 11절에는 다음과 같은 구절이 있다.

> 내가 어렸을 때는 말하는 것이 어린아이와 같고, 깨닫는 것이 어린아이와 같고, 생각하는 것이 어린아이와 같다가, 장성한 사람이 되어서는 어린아이의 일을 버렸노라.

우리는 과연 잃어버린 것일까? 아니면 잊어버린 것일까? 루소는 오히려 이 잊어버림에서 문제를 본다. 어른이 되어 어린 시절을 기억하지 못하는 것, 그 기억 상실이야말로 교육의 왜곡을 불러온다고 그는 말한다.

다시 루소가 말한다.

> 어린이의 시절은 감성이 살아있는 시기이며, 이성이 잠자는 시기이다.

따라서 교육은 이성의 조기 개화를 강요하기보다 감성의 숨결을 보호해야 한다. 어린이는 자연의 리듬에 따라 성장해야 하며, 그 리듬을 거스르는 교육은 인위적인 결박에 불과하다.

이런 루소의 교육철학은 우리의 현실 교육과 날카롭게 충돌한다. 이른바 '조기교육'은 아이들의 감성을 자극하기보다는 억제하고, 그 내면을 풍요롭게 하기보다는 피로하게 만든다. 유치원 시절부터 시작되는 사교육, 초등학교 시절부터 이어지는 입시 경쟁은 아이들에게 책을 '고문 도구'로 느끼게 만든다. 루소가 일찍이 '너무 어린 시절에 접하는 책은 불행한 도구'라고 말한 것은 이 때문이다.

아이들은 이제 책과 공부에 질린 채 대학에 진학한다. 지식의 숲에 들어서기 전에 이미 그 숲을 지겨워하고 피곤해한다. 이는 지식의 문제이기 전에, 인간에 대한 배려가 실종된 교육의 폐해다.

배움은 억지가 아니라 자연스러운 기쁨이어야 한다. 루소는 모든 과제를 없애야 한다고 말한다. 놀라운 주장이지만, 그의 뜻은 분명하다. 아이는 놀고, 뛰고, 잠들며, 자연 속에서 배우는 존재라는 것이다. 배움은 억지가 아니라 기쁨으로 다가와야 하며, 강요가 아닌 끌림으로 이루어져야 한다.

나의 어린 시절, 진안 백운의 산골에서 보낸 초등학교 시절이 떠오른다. 졸업생 백 명 중 중학교에 진학한 이는 겨우 열다섯 명 남짓이었다. 대부분은 농사를 짓거나, 전주나 서울의 공장으로 향했다. 그러나 그 시절, 우리는 나무 위를 오르고, 개울에서 먹을 감으며, 자연의 책을 탐독했던 것이다. 책상에 앉아 있지 않아도 우리는 배웠다. 삶을, 바람을, 계절을, 친구와 이웃을.

오늘날의 교육은 '모든 아이가 대학에 가는 시대'를 목표로 삼는다. 고등학교까지 무상교육이 보장되고, 대학은 더 이상 특권이 아니다. 그러나 진정한 교육은 학교의 벽 안에서만 이루어지는 것이 아니다. 삶을 살아가는 지혜는 책 속에만 있지 않고, 마음을 여는 법은 시험을 통해서 학습되지 않는다.

우리는 때때로 묻는다. '어른은 아이에게 무엇을 가르쳐야 하는가?' 그러나 이렇게 바꾸어보자. '어른은 아이에게서 무엇을 배워야 하는가?' 어린이에게는 세 가지 신비한 능력이 있다고 한다. 첫째, 아무런 이유도 없이 즐거울 수 있다. 둘째, 잠시도 쉬지 않는다. 셋째, 바라는 것은 반드시 손에 넣는다. 이 얼마나 단순하고, 또 얼마나 본질적인 가르침인가. 삶의 본연은 아이의 행동에 고스란히 담겨 있다. 아이는 삶 앞에서 솔직하고, 세상에 대한 갈망에 충실하며, 행복을 위해 망설이지 않는다.

루소가 말한 '자연으로 돌아가라'라는 외침은, 단지 문명에 대한 저항이 아니라 인간 본연에 대한 회귀이다. 그 본연은 아이의 눈빛 속에 살아 있고, 아이의 걸음 속에 숨어 있다. 우리는 아이를 가르치기 전에 아이를 먼저 보아야 하며, 그들의 침묵을 듣고, 그들의 감정을 느껴야 한다.

러시아의 대문호 톨스토이는 말했다.

> 교육의 기초란, 모든 것의 근원에 대한 관계를 세우고, 그 관계에서 생기는 행동의 규범을 수립하는 일이다.

교육은 정보의 주입이 아니다. 관계의 수립이며, 존재와 존재 사이의 눈맞춤이다. 좋은 교육이란 한 사람의 삶을 단단히 뿌리 내리게 하고, 진정한 인간애를 실천하도록 돕는 것이다. 그렇기에 우리는 부처의 말을 다시 떠올려야 한다.

> 나 이외에는 모두가 나의 스승이다.

어린이 또한 우리의 스승이다. 우리가 그들을 위해 무엇을 줄 수 있을지를 고민하는 만큼, 그들이 우리에게 무엇을 일깨워주는지에도 귀를 기울여야 한다. 아이들은 지금도 우리 앞에서 작은 진리를 속삭이고 있다. 그 속삭임을 듣는 것, 그것이 바로 루소가 꿈꾸었던 '자연스러운 교육'의 첫걸음이다.

공자, 잡다한 별들이 빛나는 이유

어느 날, 남곽혜자가 자공에게 물었다. "공자의 문하생은 어째서 그리 잡다한가?" 자공은 조용히 웃으며 말했다.

> 군자는 몸을 바르게 하여 사람을 맞습니다. 그는 찾아오는 이를 거절하지 않고, 떠나는 이를 막지 않습니다. 훌륭한 의원에게 병자가 많고, 능숙한 목수 곁에는 뒤틀린 나무가 많습니다. 바로 이런 이치로 인해 공자의 제자들이 잡다한 것입니다.

『순자』에 실린 이 이야기는 참된 스승의 모습을 보여준다. 공자는 제자를 가려받지 않았다. 출신도, 재능도, 성품도 제각각인 사람들이 그의 문하로 몰려들었지만, 그는 모든 이를 품었다. 그 결과 그의 제자들이 저마다 다른 빛깔로 역사에 이름을 남길 수 있었다.

자하가 어느 날 공자에게 물었다. "안회의 인품은 어떻습니까?" "나보다 어진 사람이야." "자공은 어떻습니까?" "나보다 언변이 좋은 사람이지." "자로는요?" "그 용기는 나를 능가하네." "자장은 어떻습니까?" "그의 위엄도 내 위에 있지." 그러자 자하가 조심스럽게 물었다. "그렇다면 어찌하여 그들이 선생님을 스승으로 섬깁니까?"

공자는 미소를 머금고 말했다.

> 앉게나. 이야기를 해주지. 안회는 어질지만 융통성이 부족하고, 자공은 언변은 뛰어나나 질박함이 없고, 자로는 용감하나 신중하지 못하고, 자장은 위엄은 있으나 남과 어울리지 못하지. 이들의 장점을 모두 모은다 해도 나를 능가한다고는 할 수 없지. 그래서 그들이 나를 스승으로 여기는 것이라네.

『열자』에 전해지는 이 일화는 중요한 진실을 담고 있다. 스승은 모든 면에서 완벽해서가 아니라, 각자의 장단점을 꿰뚫어보고 통합하는 지혜 때문에 스승이 된다는 것이다. 공자는 제자들 각각이 자신보다 뛰어난 부분이 있음을 솔직히 인정했다. 하지만 그 개별적 재능들을 하나로 아우르는 안목은 그만이 가지고 있었다.

이것이 바로 교육의 본질이다. 학생을 일률적인 틀에 맞추려 하지 않고, 각자가 가진 고유한 빛을 발견하고 키워주는 것. 공자가 말한 "나면서 아는 이는 으뜸이고, 배워서 아는 이는 그다음이며, 막히되 배우는 이는 또 그다음이다"라는 것도 같은 맥락이다. 사람마다 배우는 속도와 방식이 다르지만, 배우려는 의지가 있는 한 모두에게 길이 열려있다는 뜻이다.

우리는 전지전능한, 완벽한 스승을 꿈꾼다. 시대의 참 스승입네 하고 행세하는 자들은 모두 그런 완벽함을 연기하고, 그런 연기가 들통나 망신을 당하는 광경을 우리는 흔히 봐 왔다. 그런데 완벽함은 과연 바람직한 스승일까? 청나라 시인 노존심은 『납담』에서 이렇게 말했다.

아름다운 옥일수록 흠집이 많고, 뛰어난 사람일수록 병통이 많다. 흠이 없으면 그것은 그저 옥처럼 생긴 돌에 불과하고, 병통이 없으면 끝내 호걸이 될 수 없다.

결점 없는 완벽함은 오히려 매력을 잃는다. 모든 것이 갖추어진 사람은 어쩌면 가장 외로운 사람일 수도 있다. 늘 실수를 두려워하고, 작은 허점조차 허락하지 않으려 애쓰는 삶은 스스로를 감옥에 가두는 일이다. 오히려 어딘가 헐거운 틈이 있어야 사람들이 마음을 놓고 그에게 다가올 수 있다.

사람들이 성인이며 완벽한 사람이라고 찬사를 보내는 공자도, 실은 자기만의 개성이 강했고, 사람들의 호불호가 갈리는 인물이었다. 제자 자공이 물었다.

> 여기에 아름다운 옥이 있다면, 그저 궤 속에 감춰두시겠습니까? 아니면 옥을 볼 줄 아는 장사꾼을 기다려 파시겠습니까?

공자는 조용히 대답했다.

> 팔아야지, 팔아야지. 그러나 나는 좋은 값을 기다리는 사람이다.

당대의 제후들이 그의 도를 받아들이지 않아 초야에 묻혀 외롭게 떠돌던 시절의 이야기다.

존재 위백규는 이 구절을 인용하며 "팔아야지, 팔아야지, 라고 반복해서 말한 것은 은연중에 강개한 뜻이 담겨 있으니, 이 구절을 읽으면 눈물이 난다"라고 했다. 성인도 외로웠고, 인정받고 싶었으며, 때로는 절망했다. 하지만 그런 면모가 오히려 그를 더 큰 스승으로 만들었다.

결국 공자의 위대함은 완벽함에 있지 않았다. 다양한 사람들을 받아들이는 포용력, 각자의 재능을 발견하는 혜안, 그리고 자신의 한계를 인정하는 겸손함에 있었다. 그래서 그의 문하에는 잡다한 별들이 모여들었고, 각자의 자리에서 고유한 빛을 발할 수 있었다.

참된 교육은 표준화가 아니라 개별화다. 모두를 똑같이 만드는 것이 아니라, 각자가 가진 가능성을 최대한 끌어내는 것이다. 그것이 바로 공자가 보여준 교육의 참모습이었다.

> 황희, 가르침에는 귀천이 따로 없다

조선 초, 18년간 영의정 자리를 지키며 조정의 중심을 지켰던 황희黃喜는 권력의 정점에 있으면서도 겸손하고 절제된 품격을 지닌 인물이었다. 그는 재상의 자리에서 물러난 뒤 임진강 변에 작은 정자 하나를 짓고 어부들과 어울리며 한가로운 여생을 보냈다. 정승이었던 그가 물가에서 고기를 잡는 백성과 어깨를 나란히 하며 지낸다는 사실은, 그의 품성이 어디에 뿌리를 두고 있었는지를 웅변해준다.

신문과 방송도, 인터넷도 없던 시절이니, 그가 아무리 고위직에서 은퇴했다 해도, 그가 누구인지 모르는 사람들 틈에 섞여 살아도 이상할 것 없었다. 사람들은 황희를 '어진 재상'이라 불렀고, 그가 세상을 떠난 뒤에 남긴 졸기에는 다음과 같은 찬사가 실려있다.

> 황희는 관대하고 후덕하며 침착하고 신중하여 재상의 식견과 도량을 갖췄다. 집안은 검소하였고, 기쁨과 노여움을 안색에 드러내지 않았다. 일을 논의할 때는 정대하며 대체를 지키고 번거로운 변경을 싫어하였다. 중앙과 지방에서 우러러 말하기를 '어진 재상'이라 하였다.[26]

하지만 정승의 자리에 앉았던 황희에게도 고민은 있었다. 그것은 바로 아들의 교육이었다. 아들 황수신은 젊은 날 기방을 드나드는 데 열중했고, 학문에는 도통 관심이 없었다. 황희는 여러 차례 그를 꾸짖었지만, 아들은 고쳐지지 않았다.

그러던 어느 날, 아들이 또 늦게까지 기방에 나가 돌아오지 않자, 황희는 곱게 관복을 차려입고 마당에서 밤늦도록 그를 기다렸다. 술에 취해 집으로 돌아온 황수신이 문을 들어서자, 아버지는 그에게 예를 갖추어 절을 올렸다. 당황한 아들은 급히 머리를 조아리며 말했다. "아버지, 저 수신입니다. 이런 예는 받으실 일이 아닙니다."

그러자 황희는 이렇게 말했다. "그동안 나는 너를 내 아들이라 생각했지만, 너는 나를 아버지로 여기지 않는 듯하구나. 내 말을 그토록 듣지 않으니, 나는 이제 너를 손님으로 대할 수밖에 없겠구나." 그 말

---

26 『세종실록』 32권

에 가슴을 친 황수신은 그날 이후로 기방 출입을 끊고 학문에 매진했다. 훗날 그는 아버지의 뒤를 이어 조선의 영의정 자리에까지 올랐다. 이 일화는 여러 문헌에 실려 전해지는데, 특히 『청파극담』에는 황희의 일상과 인품을 보여주는 다양한 장면이 실려있다.

이육李陸이 엮은 『청파극담』은 조선 전기 문신들의 행적과 일화를 정리한 책으로, 그 속에 황희의 사람됨이 고스란히 녹아 있다. 황희는 감정을 얼굴에 드러내지 않았고, 종들에게 매를 대거나 큰소리를 내지 않았다. 심지어 아끼는 여종이 다른 종과 희롱하는 장면을 보고도 노여워하지 않고 그저 웃었을 뿐이었다. 그는 "노비도 하늘의 백성이니 어찌 함부로 부리겠느냐"라고 말하며, 그 뜻을 담은 글을 자손들에게 남겼다.

또 이런 일화도 있다. 정언 이석형이 그를 찾아왔을 때, 황희는 책 표지에 제목을 써달라며 붓을 건넸다. 마침 그때 안주 몇 점이 놓인 술상을 든 여종이 다가와 물었다. "술상을 내려놓을까요?" 황희는 조용히 "조금만 있다가"라고 말했다. 한참을 기다리던 여종이 "뭘 그리 꾸물거리세요?"라고 퉁박을 놓자 황희는 빙그레 웃으며 "그럼 내려놓으렴." 하고 대답했다.

술상이 놓이자, 노비의 자식들인 맨발의 아이들이 뛰어들어 황희의 수염을 잡아당기고, 안주를 집어 먹고, 등 두드리고 옷을 밟아도 그는

"아야, 아야." 하며 장난처럼 웃었다. 이석형은 말문이 막혔지만, 황희는 이 작은 일상 속에서도 신분을 따지지 않고 사람을 사람으로 대했다.

이처럼 신분을 가리지 않고 다스리되, 꾸짖음보다 성찰을 이끄는 방식으로 가르친 황희의 교육 방식은 오늘날에도 깊은 울림을 준다. 가르침 앞에 신분의 귀천이 없고, 아비가 아들을, 스승이 제자를 진심으로 대할 때 그 관계는 교화가 되고 삶이 된다.

황희의 삶은 반구정伴鷗亭이라는 정자로도 이어진다. 황희가 벼슬에서 물러나 자연과 더불어 여생을 보낸 곳, 그곳을 후손들이 중수하며 미수 허목許穆에게 기문을 청하자, 그는 다음과 같은 문장을 남겼다.

> 물러나 강호에서 여생을 보낼 적에는 자연스럽게 갈매기와 같이 세상을 잊고 높은 벼슬을 뜬구름처럼 여겼으니, 대장부의 일로서 그 탁월함이 마땅히 이와 같아야 하겠다.[27]

조선왕조가 유교적 이상을 실현하려던 시대였지만, 진정한 유교적 삶은 사대부의 규범을 넘어서 인간됨의 도리를 실천하는 일이었다. 황희는 그 길을 묵묵히 걸었고, 말보다는 삶으로 가르쳤다.

---

27 허목, 『기언記言』 중 「반구정기」

마르셀 프루스트의 『잃어버린 시간을 찾아서』에서도, 비슷한 장면이 있다. 마르셀에게 늘 다정했던 아버지는 어느 날 그의 어머니에게 이렇게 말한다.

> 마르셀이 바뀔 거라고 기대하지 마세요. 이제 저 아이도 스스로 어떻게 살아야 행복할지 결정할 나이가 되었습니다.

그 말은 마르셀에게 단순한 자율이 아니라, '이제 스스로 책임져야 하는 삶이 시작되었구나'라는 자각을 안겨주었을 것이다. 진정한 가르침은 이처럼 '부재하는 훈계' 속에서 스스로 일어나는 성찰로 완성된다.

황희가 아들에게 절을 하며 건넨 말, 그것은 단지 놀라운 장면이 아니라, 사람됨을 가르치는 최고의 방식이었다. 사랑이 빠진 꾸짖음은 상처가 되지만, 존중이 담긴 절은 변화의 불씨가 된다. 가르침 앞에 귀천이 없듯, 배움 앞에도 신분은 없다.

참된 가르침은 나직하지만 오래 남는다. 황희는 말보다 삶으로 그것을 보여주었다. 그래서 우리는 지금도 그를 어진 재상이라 부른다.

강희제, 즐거움을 추구하되, 정중함을 잃지 말라

조선 오백 년 역사에서 가장 위대한 군주를 한 사람만 꼽으라면, 아마도 많은 이들이 주저 없이 세종대왕을 떠올릴 것이다. 훈민정음을 창제하고, 과학기술과 예술, 제도와 인문학에 이르기까지 조화를 이룬 그는, 단지 '뛰어난 임금'이라기보다는 '사람다운 임금'이었다. 그가 남긴 가장 위대한 유산은 백성을 향한 따뜻한 애정과 그 애정을 실현해 낸 실천의 지혜였다.

그렇다면 중국 역사에서는 어떠할까? 동양 전체를 놓고 보아도 세종대왕과 어깨를 나란히 할 만한 제왕은 드물다. 하지만 한 사람, 청나라의 성군 강희제康熙帝는 예외로 삼을 만하다. 세종대왕은 열여덟 아들과 네 딸을 두었다. 반면, 강희제는 무려 쉰여섯 명의 자녀를 두었다. 그러나 자녀의 숫자가 뭐 그리 중요하겠는가. 중요한 것은 어떻게 기르고, 어떤 철학으로 아이들을 대했는가이다.

강희제의 자녀교육은 단순한 훈육을 넘어선 일종의 삶의 철학이었다. 그는 글과 무예만을 가르치지 않았다. 인생을 살아가는 태도, 사람을 대하는 자세, 마음을 다스리는 법까지 가르쳤다. 그것은 제왕의 자녀에게만 필요한 교훈이 아니었다. 누구나 인간으로 살아가는 데 필요한 뿌리 깊은 지혜였다.

  강희제는 아들들에게 늘 경계의 말을 아끼지 않았다. 요지는 이렇다. 천박하게 말하지 말라. 분노와 욕망을 절제하라. 지나친 성욕은 몸과 마음을 병들게 하며, 불필요한 다툼은 너를 외롭게 만들 것이다. 앉아 있을 때는 사방을 두리번거리지 말고, 걸을 때는 자주 뒤를 돌아보지 말라. 눈은 사람의 본성을 비추는 거울이다. 근심과 불안은 눈빛에 얼룩지고, 악한 마음은 숨길 수 없는 법이다. 사람을 살필 때는 말보다 눈을 보아라.

  이러한 가르침은 결코 딱딱한 훈계가 아니었다. 인간에 대한 깊은 통찰에서 나온 것이었고, 아버지로서의 따뜻한 사랑에서 비롯된 말이었다. 무엇보다도 그는 자식들에게 늘 '정중함'의 덕목을 강조했다. 이는 조심스럽고 경직된 태도를 말하는 것이 아니라, 작은 일에도 마음을 다하고, 삶의 순간마다 깃드는 존중의 태도를 의미했다. 그는 말했다.

> 정중함이란 사소한 일에도 애정을 기울이고, 삶의 매 순간에 주의를 쏟는 것이다. 정중함이 가슴에 깃들면 어진 마음이 중심을 이루게 되고, 평정이 몸에 밴다. 그러면 너는 조화롭고 당당한 삶을 살아갈 수 있다. 집안을 잘 다스리는 사람이 크고 작은 일을 아울러 능숙하게 처리하듯, 너희도 스스로를 조화롭게 다스릴 수 있어야 한다.

이 정중함은 검소함과도 닿아 있었다. 강희제는 사치와 과시를 경계했다. 실제로 그는 궁궐 안에서조차 절제를 실천했다. 그는 많은 여인을 거느릴 수 있었음에도 300명 내외로 그 수를 제한했고, 특별한 인연이 닿지 않은 여인들은 서른이 되면 외부로 시집보내 삶을 새롭게 꾸리게 했다. 그것이 진정한 배려라고 여겼기 때문이다. 그런가 하면 궁궐 안 여인들에게 화장품을 사주며 재물을 낭비하지 말 것과 궁의 바닥엔 조상 대대로 써온 낡은 모피깔개를 그대로 쓸 것을 당부했다.

강희제는 궁궐의 아이라 해도 자연 속에서 자라야 한다고 믿었다. 억지로 책상 앞에 앉혀 두는 대신, 자연의 흐름을 피부로 느끼고 배우게 해야 한다는 교육관이었다. 그는 자녀들에게 삶의 기쁨을 누리는 법도 가르쳤다. 기쁨을 추구하는 것 자체가 문제는 아니었다. 중요한 것은 그 속에서 품위를 잃지 않는 일이었다. 요약하면 이렇다. 즐거움이 넘치면 삶에 밝은 기운이 깃드니 즐거움을 추구하되 정중함을 잃지 말라. 봄은 꽃이 피고, 새가 노래하며, 만물이 생동하는 조화로운 시기이므로, 사람 또한 삶을 기쁘게 누려야 한다. 고요를 사랑하고, 집에서 휴식을 취하며, 자신에게 주어진 일에 감사하라. 그러면 너희 삶은 저절로 품격을 지니고, 말은 절제되며, 행동은 빛날 것이다.

강희제의 자녀교육은 결국 하나의 방향으로 수렴된다. 곧 '사람다움'이다. 권위와 명예가 아니라, 겸손과 절제, 그리고 조화로운 태도야말로 인간됨의 핵심이라는 사실을 그는 일찌감치 간파하고 있었다.

이러한 철학은 황제라는 지위에서 강제로 주입된 명령이 아니었다. 그 자신이 먼저 실천한 삶의 자세였다. 그리하여 그의 교육은 자식들뿐 아니라 신하들에게, 그리고 나아가 백성들에게까지 자연스럽게 스며들 수 있었다.

오늘날 우리는 기술의 눈부신 발전 속에서 살아간다. 인공지능이 사람을 대신하고, 정보가 빛보다 빠르게 오간다. 그러나 그 모든 빠름 속에서 인간은 무엇을 잃고 있는가? 흙을 밟고 뛰놀던 아이들은 유리벽 안에서 조용히 손가락으로만 게임을 배우고, 정중함은 시대에 뒤떨어진 미덕처럼 여겨지며, 절제는 자유의 방해물처럼 취급된다. 하지만 그럴수록 우리는 강희제의 말을 되새겨야 하지 않을까? "가슴속에 정중함을 간직하라. 그것이 너를 평안하게 할 것이다."

자녀를 키우는 일은 단지 가르치는 일이 아니다. 어떻게 살 것인가를 몸소 보여주는 일이다. 말로 훈계하지 않고, 삶으로 전하는 교육. 그것이야말로 진정한 가르침이고, 인간을 사람답게 만드는 길이다. 강희제의 말은 단순한 과거의 훈육이 아니라, 오늘을 사는 우리에게 여전히 유효한 울림을 준다. 우리는 과연 발전하고 있는가? 아니면 눈부신 겉모습 속에, 가장 소중한 삶의 태도들을 잃어가고 있는 것은 아닐까?

기술의 시대에도 사람이 중심이 되어야 한다. 강희제가 전하려 했던 삶의 자세는 지금도 우리에게 말없이 속삭인다. 정중함을 잃지 말라. 그것이 사람을 사람답게 한다.

이황, 내가 온전해야 세상이 온전하다

살아가다 보면 자주 묻게 된다. 세상은 왜 이렇게 삐걱대는가? 왜 그리 거칠고, 불편하고, 불공평한가? 그러나 가만히 되짚어보면, 그 물음의 방향이 잘못된 것임을 알게 된다. 세상이 어지러운 것이 아니라, 어쩌면 그보다 앞서 내 마음이 아직 어지러운 것인지도 모른다.

"내가 온전해야 세상이 온전하다." 나는 아이들에게 이 말을 자주 건네곤 한다. 내 마음이 흐트러져 있으면 세상도 삐딱하게 보이고, 내 내면이 흐려져 있으면 세상도 맑아 보이지 않는다. 그 반대라 해도 사정은 크게 달라지지 않는다. 내가 고요하면 세상이 잔잔해지고, 내가 온전하면 세상이 나를 받아들인다. 이 말은 나 자신의 오래된 깨달음이기도 하거니와, 내가 스승으로 삼았던 이들에게 배운 삶의 방식이

기도 하다.

그중에서도 조선의 대유학자 퇴계 이황의 삶은 그 말의 진면목을 일깨워준다. 퇴계는 안동 사람이다. 산과 물이 수려하고 인심이 넉넉한 고장의 사람답게 그의 말과 행실에는 늘 고요한 절제가 깃들어 있었다. 그의 일화들이 『퇴계집』과 『퇴계전서』 등에 오롯이 담겨 있다. 읽을 때마다 마음을 맑게 씻어주고, 읽고 나면 긴 여운이 남는다. 그의 삶이 그만큼 잔잔했기에, 말 또한 바람결처럼 사람을 감싼다.

한 번은 퇴계 선생이 산당山堂에 앉아 있는데, 그 앞으로 말을 탄 이가 지나갔다. 이를 지켜보던 산당을 지키는 중이, "그 사람 참 괴이할세. 진사進士 앞을 지나가면서 말에서 내리지 않다니"라고 나무라자, 퇴계는 빙긋이 웃으며 이렇게 말했다. "말 탄 사람이 그림 속의 한 장면 같으니, 하나의 좋은 경치를 더해 주었을 뿐인데, 허물할 것이 무엇이겠는가." 애써 남의 허물을 들추어내기보다는, 그조차도 한 폭의 풍경으로 바라볼 줄 아는 마음. 그것이 퇴계가 세상을 대하는 태도였으며, 도의 실천이었다. 그는 언제나 '있는 그대로'를 받아들이되, 그 안에서 스스로를 성찰했다. 소란을 외면하는 대신 고요 속으로 들어가고, 비판보다 관조를 선택했다.

그의 인품을 두고 제자인 김성일은 증언하기를, 퇴계 이황은 손님에게 밥상을 차릴 때 반드시 집에 있는 것에 맞추어 밥상을 차리도록

했고, 귀한 손님이라 해서 성찬을 차리지도 않았으며, 또 비천한 사람이나 어린이라고 해서 소홀히 하지 못하게 했다고 한다. 또 퇴계는 산수가 아름답거나 폭포가 쏟아지는 곳이 있으면, 간혹 몸을 빼내어 홀로 가서 즐기며 시를 읊조리다가 돌아오기도 했노라고 퇴계의 또 다른 제자인 이덕홍이 구술하고 있다. 그의 모습이 눈에 그려진다. 자연을 가까이하면서도 결코 흐트러짐이 없는 정신. 산수 속에서 시를 읊는다는 것은, 자연의 아름다움을 빌려 자신을 수양하는 일이었으리라.

공자는 자기완성을 지향하는 학문을 두고 학문을 두고 위기지학爲己之學이라 했다. 자신을 위한, 곧 스스로를 수양하는 학문이라는 뜻이다. 남에게 보이기 위한 공부가 아니라, 자기 마음을 가다듬고 단속하는 공부. 퇴계는 그 학문을 다음과 같이 풀어냈다.

> 군자의 학문은 자기를 위할 뿐이다. 자기를 위한다는 것은 장식張式이 말한 인위적으로 위하는 것이 없이 그러한 것이다. 예컨대 깊은 산 무성한 숲에 있는 난초는 종일토록 향기를 피우지만, 자신이 향기를 발한다는 것조차 알지 못한다. 난초의 이러한 삶이 군자가 자기를 위한다는 뜻과 똑같다.

『퇴계전서』에 실린 글이다. 이 얼마나 깊은 말인가. 난초는 아무 말 없이 그 자리에 피어 있지만, 그 향은 멀리 퍼진다. 진정한 품격이란 과시하지 않되 저절로 드러나기 마련이며, 진정한 인격이란 조용하되 그 영향력이 결코 작은 것이 아님을 가르치는 말이다.

지금 우리는 얼마나 반대 방향으로 걸어가고 있는가. 무엇이든 증명해내야 하고, 인정받아야만 하고, 끝내 세상에 드러내야만 한다고 믿는다. 이러한 세태를 두고 퇴계에게 답을 구한다면 그는 이렇게 말하리라. 보이려 애쓰지 말고, 스스로 향기가 되라. 그 향은 누가 알아주지 않아도 멀리 간다. 퇴계는 그토록 향기로운 삶을 살았고, 죽음마저도 그러했다. 그의 임종을 지켜본 제자 이덕홍은 같은 책에서 이렇게 기록하고 있다.

> 8일에는 아침에 화분의 매화에 물을 주라고 하였다. 이날은 개었는데 유시酉時에 이르자 갑자기 흰 구름이 지붕 위에 모이고, 눈이 내려 한 치쯤 쌓였다. 조금 있다가 선생이 자리를 바로 하라고 명하므로 붙들어 일으키자, 앉아서 돌아갔다. 그러자 구름은 흩어지고 눈이 갰다.

이 얼마나 신비롭고도 고요한 퇴장인가. 한 사람의 마지막이 이처럼 자연의 리듬, 곧 순리와 어우러질 수 있다는 것, 그것은 단지 한순간의 놀라운 광경이 아니라, 그가 평생 닦아온 삶의 행적이 응축되어 드러난 모습이며 마지막 가르침일 것이다.

내가 온전해야 세상이 온전하다. 내 마음이 온전하면 세상은 나를 허락한다. 내가 정직하면, 세상도 나를 기꺼이 환대한다. 세상은 거칠어 보일 수 있지만, 그 거친 토양 위에 피어나는 작은 난초 같은 마음, 향기를 내지만 스스로를 의식하지 않는 마음, 그것이 우리가 지향해야 할 삶의 태도 아닐까. 자기를 위하는 공부, 자기를 온전하게 가꾸는 삶. 그 끝에서 우리는 비로소, 조용히 세상을 품을 수 있을 것이다.

정갑손, 말하지 않고도 가르친다

내가 살고 있는 전라도 지방에서는 지금도 종종 이런 말을 들을 수 있다. "모래밭에 쎄(혀) 박고 살지언정, 그렇게는 안 살겄다." 아무리 가난하고 힘들어도 불의와는 타협하지 않겠다는 결기를 드러내는, 고단한 삶을 관통하는 품격과 단호함이 서린 한마디다. 세상은 '삶의 기술'이라는 이름으로 온갖 영악한 셈법을 부추기지만, 그럼에도 사람들 사이엔 아직도 올바른 가치를 지향하는 힘이 살아있는 듯하다. 사마천은 『사기』 「맹자·순경열전」에 이렇게 적었다.

이익을 좇으면 원망을 사기 쉽다.

이익 앞에서도 흔들리지 않고 바른길을 걸은 사람은, 시대를 불문하고 우리 곁에 있었다. 조선 전기의 문신 정갑손鄭甲孫 또한 그러한 이들 가운데 한 사람이었다.

그는 권력이나 재물보다 공정함과 정직함을 삶의 척도로 삼았고, 그 원칙을 평생 꺾지 않았다. 성품 또한 맑고 곧았으며, 강직하기 이를 데 없었다. 그 앞에서는 자식들조차 감히 사사로운 청탁을 입 밖으로 꺼내지 못했다. 조정의 중신으로서 그는 직언을 아끼지 않았고, 권세 앞에서도 늘 담담했다. 그의 덕망이 조정의 신뢰를 얻자, 그에게 중요한 직책을 맡겨졌다.

대사헌으로 재직하던 시절, 이조에서 부적절한 인물을 벼슬에 올리려 했다. 하연河演과 최부崔府라는 고위 관료가 이 일을 주관하고 있었다. 정갑손은 주저 없이 임금께 아뢰었다. "최崔는 말할 것도 없고, 하河는 그나마 사리를 아는 편이나 마땅치 않은 이를 천거하였사오니, 국문하시옵소서." 세종은 웃는 얼굴로 양편을 화해시켰다. 바깥뜰에 나온 뒤, 두 사람이 땀을 줄줄 흘리고 있자 정갑손은 완연히 웃으며 말했다. "각자 맡은 바를 다한 것뿐, 별다른 감정은 없소."

그리고 시종을 불러 "두 분이 더워 보이니 부채질 좀 해 드리게"라고 당부했다. 그렇게 그는 무례함으로 원망을 사지 않고도 공公과 사私의 분별을 삶으로 보여주었다. 부끄러움 없이 할 말을 하고, 초연히 그 자리를 떠날 줄 아는 기품. 그것이 진짜 청백리의 모습 아닐까.

하지만 그보다 더 많은 이들의 가슴을 울린 것은, 그의 아들 교육에 관한 이야기다. 정갑손이 함경도도사咸鏡道都事로 있을 때, 임금의 부름을 받아 서울로 향하던 중 과거 방榜을 보게 되었는데, 합격자 이름에 아들 정오鄭烏가 적혀 있었다. 기뻐할 일이었겠으나, 그는 그렇지 않았다. 서울에 도착하자마자 그는 시관試官을 찾아가 호통쳤다.

늙은 놈이 감히 여우처럼 나에게 아양을 부리는가? 내 아들은 아직 공부가 부족하거늘, 어찌 요행으로 임금을 속이려 드는가!

그는 아들의 이름을 즉시 지워달라고 요청했고, 끝내 그 시관을 파면시켰다. 자식에게 기회를 안겨줄 법도 하겠지만, 오히려 더 엄하게 다스린 그의 태도는 남달랐다. 그야말로 말이 아닌 삶으로 보여준 진정한 청백리의 태도였다. 서거정이 편찬한 『필원잡기』에 실려있는 일화다.

그렇다면 오늘날의 세태는 어떤가? 논문을 베끼고, 경력을 조작하고, 시험을 부정으로 치르고, 병역을 회피하고, 뻔뻔하게 요직에 오르는 이들이 끊이지 않는다. 그럴수록 우리는 더 절실히 묻는다. 정갑손 같은 이는, 대체 어디에 있는가?

진정한 교육은 성적표나 스펙이 아니라, 어떻게 살 것인가에 대한 가르침이다. 정갑손은 말로 가르치지 않았다. 삶으로 가르쳤다. 그는 청백의 언어로 산 아버지였고, 공사公私를 가른 선비였으며, 무언의 가르침으로 역사에 남은 교사였다.

오늘을 사는 우리에게 그가 일갈한다.

'부끄럽지 않게 살아라. 그래야 아이들에게 남겨줄 것이 있다.'

박지원, 내 몸속에서도 갑과 을이 있다

"열 손가락 깨물어 아프지 않은 손가락이 없다." 이 말은 부모라면 누구나 공감하는 격언이다. 자식은 다 귀하고 소중하니 어느 손가락 하나 차마 덜 사랑할 수 없다는 뜻이리라. 그러나 우리는 안다. 때로는 어느 한 자식에게 마음이 더 쏠리고, 또 다른 자식에게는 서운함이 싹틀 수 있다는 것을. 편애는 인간의 마음속에서 무심히 피어나는 그림자다. 피하려 해도 피할 수 없고, 알고 있어도 막기 어려운 감정의 무늬다.

이런 심정은 단지 가정에서만 벌어지는 일이 아니다. 정파가 다른 이들, 이해관계가 엇갈리는 사람들 사이에서도 언제나 '나는 옳고 너는 틀리다'라는 감정은 생겨난다. 그래서 "나와 같으면 군자요, 다르면 소인이다"라는 식의 흑백논리는 시대를 막론하고 반복되어 왔다.

조선 중기 조광조나 허균은 그 시대의 분열된 세상 속에서 이런 '군자소인지변君子小人之辨'의 위험을 날카롭게 경계했다. 그리고 조선 후기를 살았던 연암 박지원도, 자신 안에 있는 그런 편향의 씨앗을 들여다보며 글로 풀어낸 바 있다.

    그 글은 아들 박종채가 정리한 『과정록過庭錄』에 실려 있다. 어느 봄날, 연암은 봄비가 길게 이어지는 날, 혼자 대청에 앉아 '쌍륙놀이'를 한다. 오른손을 '갑甲'이라 부르고, 왼손을 '을乙'이라 부르며, 두 손으로 주사위를 번갈아 굴리는 놀이를 스스로 벌인 것이다. 처음엔 장난 같았던 그 놀이는, 점차 그의 내면을 비추는 거울이 된다.

> 나는 긴 봄날 혼자 앉아 쌍륙을 두었다. 오른손은 갑이라 칭하고, 왼손은 을이라 칭하면서 '다섯이야! 여섯이야!' 하며 외치며 노니는 중에도, 어느새 나와 너가 생겨 이기고 지는데 마음이 쏠렸다. 어느 순간, 내 두 손이 서로 적처럼 느껴졌다.

갑이 이기면 기뻤고, 을이 지면 아쉬웠다. 자신이 양손 모두를 움직이고 있으면서도, 한 손에 더 애정을 쏟고 있는 자신을 보고는 웃음이 나왔다. 그러나 그 웃음 너머엔 성찰이 있었다. 그는 썼다.

> 내가 나의 두 손에 대해서도 사사로움을 가지고 있다면, 하물며 사람을 대함에야 어떠하랴. 내 두 손이 갑과 을로 나뉘어 있으니, 나는 조물주의 자리에 선 셈이다. 한쪽을 편들고 다른 쪽을 억누르는 마음, 그것이 내 안에도 분명히 있었다.

이 장면은 단순한 일기 같지만, 인간의 내면에 대한 섬세한 통찰이 담겨 있다. 어찌 보면 우리가 살아가는 사회 전체를 압축한 비유이기도 하다. 이분법적인 사고, 무의식중 드러나는 편향, 그리고 그로 인해 발생하는 갈등의 뿌리를 연암은 자신의 몸속에서 발견한 것이다.

옆에서 그 장면을 지켜보던 손님이 말했다. "선생님께서 혼자 쌍륙을 두신 건 단지 노는 것이 아니라, 글을 구상하시기 위한 거라 처음부터 알았습니다." 그 말에 연암은 웃으며 붓을 놓았을 것이다. 이 짧은 에피소드는 단지 놀이에 그치지 않는다. 인간의 교육과 도야, 그리고 성찰은 반드시 거창한 사건에서만 비롯되는 것이 아님을 말해준다. 오히려, 조용한 봄날 대청에 앉아 두 손을 움직이는 가운데서도 깨달음은 싹튼다.

연암의 이런 철학은 다산 정약용의 삶의 태도와도 닿아 있다. 다산은 자신의 당호를 '여유당與猶堂'이라 했는데, 이는 『시경詩經』에 나오는

> 겨울 냇물을 건너듯 네 이웃을 두려워하라.[28]

라는 뜻의 구절에서 따온 것이다. 輿(여)는 주의하라, 猶(유)는 조심하라는 뜻이다. 다산은 사람을 대할 때 늘 두려움과 조심스러움을 지녔다. 그것이 인간됨의 첫걸음이라 믿었기 때문이다. 마찬가지로 연암도, 인간의 편향성을 인정하면서도 그 속에서 스스로를 다스리는 힘을 강조했다. 연암은 자식을 가르칠 때도, 제자를 대할 때도, 인간에 대한 깊은 이해를 바탕으로 했다. '사람이란 본디 그러하다'라는 인정과, '그러므로 더욱 조심해야 한다'라는 경계가 함께 있었다.

오늘날 우리 사회는 어떠한가. 우리는 여전히 '갑'과 '을'로 나뉘고, 스스로도 어느 한쪽이 되길 원하면서 은연중에 상대를 배제한다. 정치도, 경제도, 가정도, 심지어 우정조차도 어느새 갑과 을의 전장으로 변해가고 있다.

"내 몸속에도 갑과 을이 있다." 그것은 분열을 정당화하려는 변명이 아니라, 그것을 뛰어넘으려는 성찰의 문장이다. 매화가 진 자리에 살구꽃이 피고, 살구꽃 진 자리엔 복사꽃이 핀다. 자연은 누군가의 끝을 누군가의 시작으로 삼는다. 그렇게 세상은 겹겹이 이어지고, 편애

---

28 『시경』, 「소아小雅」

가 아닌 순환으로 흐른다. 살구꽃이 진다고 해서 조물주가 그 꽃을 미워한 것은 아니듯, 우리가 서로를 향해 던지는 감정의 칼끝도 언젠가는 거두어야 할 것이다.

지금의 시대야말로, '겨울 냇물을 건너듯' 조심스럽게 사람을 만나야 할 때다. 총성은 없지만, 말과 시선과 편견이 칼이 되는 시대. 그래서 우리는 다시 연암을 읽고, 연암의 고요한 놀이 속에서 배워야 한다.

곽낙원, 자랑스러운 어머니의 초상

서울 서대문구 현저동 101번지. 지금은 공원이 된 그 자리엔 한때 '서대문형무소'라는 이름의 감옥이 있었다. 일제가 한반도를 집어삼키기 시작한 을사늑약 이후, 조선의 숨통을 조이기 위해 세운 식민 권력의 상징이었다. 1908년 '경성감옥'으로 문을 열었고, 1912년부터 '서대문형무소'로 이름을 바꾸었다.

그곳엔 수많은 이름 없는 이들이 갇혀 있었다. 자유를 외친 죄, 국권을 되찾고자 했던 죄, 조선 사람으로 살고자 했던 죄. 그 죄를 짓고 그곳에서 죽어간 사람들이 유관순, 강우규, 김구였다.

1911년 겨울, 백범 김구는 '안명근 사건'에 연루되어 황해도 안악에서 체포됐다. 조선 내의 부호들을 협박해 독립운동 자금을 모으려 했다는 이유였다. 일본은 그를 일곱 차례 혹독하게 심문했고, 마침내 징역 17년형을 선고해 서대문형무소로 이감했다.

그때 그의 어머니, 곽낙원郭樂園 여사가 면회를 왔다. 17년형을 선고받은 아들을 만나러, 단단한 담장을 넘어 한 줌의 틈으로 아들을 바라보러 온 것이다. 그날의 이야기는 『백범일지』에 다음과 같이 기록되어 있다.

> 내가 서대문 감옥 복역한 지 칠팔 삭에 어머님이 면회를 오셨다. 주먹 하나 드나들 만한 구멍이 딸깍하고 열리기에 내다보니 어머니 곁에 간수 한 놈이 지키고 있었다. 어머님은 태연한 기색으로 '나는 네가 경기감사 따위를 한 것보다 더 기쁘게 생각한다. 면회는 한 사람밖에 안 된다고 해서, 네 처와 화경이는 밖에 있다. 우리 세 식구는 잘 있으니 염려하지 말고, 네 몸이나 잘 돌보거라. 밥이 부족하거든 하루 두 번씩 사식 들여 주랴?' 하셨다. 그 목소리에 조금의 떨림도 없으셨다.

아들의 죄목은 '조선 독립을 꿈꾼 죄'였다. 형량은 무겁고 미래는 불투명했다. 그러나 곽낙원 여사는 흔들리지 않았다. 그날 그녀가 아들에게 전한 말은 꾸짖음도, 연민도 아닌 '존경'이었다. 어머니는 "나는 네가 경기감사를 지낸 것보다 지금이 더 자랑스럽구나"라고 말했다. 그 말 앞에 아들은 눈물 대신 침묵했다. 어머니는 태연했지만, 그 마음의 뿌리는 얼마나 깊은 고통을 감내하고 있었을까. 김구는 회고한다. "저렇게 씩씩하신 어머님께서 자식을 왜놈에게 빼앗기시고 면회하겠답시고 왜놈에게 고개 숙여 청원하셨을 것을 생각하니, 황송하고도 분했다."

어떤 이는 '그 어머니에 그 아들'이라 말한다. 하지만 이 경우엔, 그 어머니가 있었기에 그 아들이 있었다. 어머니의 신념이 아들의 심장을 지탱했고, 아들의 투지가 어머니의 눈물을 견디게 했다.

1913년, 김구는 옥중에서 이름을 바꿨다. 본명 김구金龜에서 김구金九로, 호는 연하蓮下에서 백범白凡으로 바꾸었다. 그는 자신의 새로운 이름에 이렇게 의미를 담았다.

'백범'은 우리나라에서 가장 천하다는 백정白丁과 무식한 범부凡夫까지 전부가 적어도 나만 한 애국심을 가지게 하고 싶다는 소망을 담은 것이다. 감옥에서 뜰을 쓸고 유리창을 닦으며 나는 하느님께 빌었다. '우리나라가 독립하여 정부가 생기거든, 그 집의 뜰을 쓸고 유리창을 닦는 일을 하게 하소서'라고.

그의 애국은 위대한 게 아니었다. 특별한 것도 아니었다. 가장 낮은 곳에서 가장 정직하게 자기 일을 감당하는 것. 그것이 독립이고, 나라의 근간이라고 믿었다.

나라가 독립한 지 75년째다. 폐허였던 조국은 눈부신 발전을 이루었다. 그러나 오늘 우리는 자문하게 된다. '우리는 백범의 뜻을 제대로 이어받았는가?' 정치인들은 권력을 향해 달리지만, 백범이 염원했던 '사람 사는 나라'는 아직 멀기만 하다. 누군가는 권력을 개인의 이익으로 치환하고, 또 누군가는 국민을 수단으로 전락시킨다. 김구가 오늘의 광장을 바라보았다면 어떤 표정을 지었을까?

그는 『백범일지』에서 저 유명한 구절에서 다음과 같이 말한다.

> 내가 원하는 우리나라는 문화의 힘이 강한 나라다. 높은 문화는 높은 도덕에서 나오고, 높은 도덕은 높은 인격에서 나온다. 높은 인격을 가진 국민이 사는 나라, 그것이 내가 바라는 나라다.

이토록 절실하게 인격과 문화, 도덕을 강조했던 지도자가 있었던가? 우리가 그를 잊지 못하는 이유는, 그의 말이 강단에 있지 않았고, 그의 삶이 연설에 머물지 않았기 때문이다. 그에겐 흔들림 없는 중심이 있었고, 그 중심에는 어머니 곽낙원의 신념이 있었다.

곽낙원 여사는 "내가 네 어미라서 기쁘다"는 말 대신, "나는 네가 그런 너라서 자랑스럽다"라고 말했다. 아들을 단지 아들이 아닌, 하나의 '사람'으로 대했다. 그것이 곧 교육이었고, 그 교육은 조선을 살린 한 사람을 길러냈다.

지금 우리에게 필요한 것은 바로 이런 교육 아닐까. 아이에게 손을 잡고 '이리 와라' 하기보다, 그 앞에서 묵묵히 길을 걸어가는 어른. 그 앞에서 부끄럽지 않게 자신의 일을 다하는 어른. 백범 김구. 그 이름은 독립운동가 이전에 어머니의 품 안에서 자란 한 인간의 이름이다.

이 밤, 그 이름이 유난히 그립다.

김일손, 조금 어리석게

조금은 어리석게 사는 것이 잘사는 것이라고 옛사람은 말했다. 그 말은 지금 우리에게도 여전히 유효하다. 세상에는 스스로를 대단하다고 여기는 사람이 있고, 스스로를 하찮은 사람이라 여기는 이도 있다. 어떤 이는 자신이 누구보다 현명하다고 믿고, 또 어떤 이는 끝없이 부족한 존재라고 생각하며 산다. 하지만 과연 어떤 사람이 이 혼탁한 시대, 곧 난세를 잘 살아가는 사람일까?

그 답은 분명하지 않다. 그러나 분명한 것은 있다. 옛사람들은 조금은 어리석게, 조금은 모자란 듯이 사는 게 곧 잘사는 것이라 여겼다는 사실이다. 그들은 총명함이나 재치보다는, 자연스러움과 겸허함, 그리고 무심함 속에서 사람다움을 찾았다. 그래서일까. 그들은 스스로의 이름이나 호에 '치痴(어리석을 치)'나 '우愚(어리석을 우)' 자를 넣어 자신을 낮추곤 했다. 어리석음이야말로 인간의 가장 깊은 지혜라는 것을 그들은 알았던 것이다.

그 하나의 예로, 조선 중기의 학자 김일손과 친구 권자범의 일화가 있다. 김일손은 무오사화의 와중에 억울하게 희생된 인물이지만, 당대 최고의 학문과 도덕을 겸비한 인물이었다. 그의 글 중 하나가 『신증동국여지승람』에 실려 전해진다.

당시 충청도 제천의 현감으로 있던 권자범이 객관客館의 서쪽에 정자 하나를 새로 짓고는, 그곳에 걸 기문記文을 부탁하며 친구 김일손에게 글을 청한다. 그러자 김일손은 정자 이름을 먼저 짓자고 하면서 이렇게 말했다. "치헌痴軒이라 이름 지어보면 어떻겠소?"

그 말을 들은 권자범은 얼굴이 붉어지며 묻는다. "왜 하필 '치', 어리석을 치 자를 붙이자는 게요?" 김일손은 웃으며 대답하지 않다가, 이내 조용히 입을 연다. "왕숙王叔과 왕연王椽의 어리석음은 모두 은덕의 어리석음이오. 간사한 자의 어리석음은 교활함이고, 글로 이름난 사람의 어리석음은 특이한 재주에서 오는 것이라네. 술을 끊은 자도 어리석다 하고, 관직을 충실히 수행하는 자도 어리석다 하니, 예로부터 어리석음은 단 하나로 정의되지 않네. 자네의 어리석음도 하나만은 아니지."

김일손은 이어 권자범의 삶을 하나하나 짚어간다. 그는 말을 매끄럽게 하지 못해 자주 말실수로 남의 기분을 상하게 하는가 하면, 행동이 지나치게 솔직해 오히려 사람들에게 미움을 샀다. 세속적인 출세에는 무심했기에 스스로 높은 자리를 마다하고, 조용한 시골 고을의 현감 자리를 택했다. 그의 어리석음은 무능함에서 비롯된 것이 아니라, 세상의 요령을 싫어한 데서 온 것이었다. 이어 김일손은 말했다.

> 세상 사람들은 눈치 빠르고 요령이 좋은데, 자네는 세상살이에 어색하니 말에도 어리석고, 처세에도 어리석지. 그런데 그런 어리석음이야말로 귀한 거라네. 억센 호족과 교활한 자를 벌하고, 외로운 백성을 돌보며, 낡은 관사를 스스로 고쳐 쓰고, 세금을 독촉하는 일에는 서툴기만 한 자. 그 모든 것이 정사에 어리석은 모습이지. 하지만 그 어리석음이야말로 헌軒의 이름으로 삼기에 충분하네.

권자범은 그 말을 듣고 못마땅한 표정을 짓는다. "사사로이 놀림 받는 건 괜찮지만, 공적인 공간에까지 '어리석음'이라 이름 붙이는 것은 명예를 훼손하는 일이 아니오?" 그러자 김일손은 다시 이렇게 말한다. "'치'는 '우'와 같고, 또 '졸拙(서툴 졸)'과도 같은데, 공자께서도 어리석음을 칭찬하셨고, 주무숙의 졸함은 오히려 백성의 고통을 덜었지. 그러니, 치痴로 헌軒의 이름을 짓는 것은 욕이 아니라 오히려 영광일세."

그제야 권자범은 이를 받아들였다. "앞으로는 더 어리석게 살아, 일생을 그렇게 마치겠소." 하지만 김일손은 다시 타이른다. "어리석음을 의식하고 어리석게 사는 건 진짜 어리석음이 아니네. 애써 그렇게 살 필요는 없지."

권자범은 다시 묻는다. "세상의 교묘한 삶을 피하고자 내 어리석음을 지키고자 했는데, 그조차 어렵다면, 대체 어떻게 어리석게 살란 말이오?" 김일손은 껄껄 웃으며 대답한다. "그러니까 자네가 진짜 어리석은 게야."

그 말을 들은 권자범은 난간에 기대어 말없이 졸기 시작한다. 김일손은 그 모습을 보며 미소 지었을 것이다. 아마도 그는 그 조용한 낮잠 속에서 진짜 어리석음, 아니 진짜 사람다움을 발견했으리라.

이 일화를 통해 우리는 어리석음이 단지 결핍이 아니라, 지혜와 진실함, 인간됨의 또 다른 이름임을 알 수 있다. 『법구경』에 이런 말이 있다. "나 이외의 모든 사람은 나의 스승이다." 이런 마음으로 살아간다면, 세상 누구 하나 헛되이 만날 일이 없다. 모두가 나를 가르쳐주는 스승이 되고, 삶의 모든 순간이 나를 돌아보게 하는 거울이 된다.

하지만 지금 우리 사회를 둘러보면, 여전히 자신이 가장 똑똑하다고 믿는 사람들이 많다. 그들은 교묘한 말재주와 태도로 사람을 잃고,

결국엔 세상의 인심까지 잃는다. 사람들 사이의 신뢰가 무너지고, 관계가 얄팍해진 시대. 너무 많은 영리함이 오히려 탈이 되는 시대. 그런 시대에 우리는 어떤 길을 택해야 할까?

그래서 나는 오늘 다시 옛사람의 말을 떠올린다. 조금은 어리석게, 조금은 모자란 듯 살아가는 것이 잘사는 것이라고. 어리석게 웃고, 어리석게 걷고, 어리석게 말하며 살아가는 삶. 그런 삶이야말로 이 복잡한 세상의 계산법에서 벗어난 자유로운 삶일 것이다. 물론, 무턱대고 바보처럼 살자는 것은 아니다. 어리석음을 가장한 지혜, 모자람 속의 충만함. 그 미묘한 경계를 지켜가며 살아가는 것. 그것이야말로 진짜 잘사는 길이 아닐까?

'동학'에서 우리 민족의 덕의 표준을 다음과 같이 정리했다. "말이 없고, 어리숙하고, 서툴게 사는 것." 이렇게 산다면 오늘날에는 정신병원에 갈지도 모르겠다. 오늘도 어딘가에서는 어리석게 사는 사람을 비웃는 눈초리가 있을지 모른다. 그러나 세상을 조용히 떠받치고 있는 건, 바로 그런 어리석게 사는 사람들이다. 그들 덕분에 이 세상은 여전히 살아볼 만한 곳으로 남아있다. 그래서 나도, 우리도, 조금은 어리석게 살아야 한다. 조금 어리석게, 그러나 진심으로.

최제우, 이미 물든 종이는
새로운 그림을 그리지 못한다

동학을 창시한 최제우는 1862년 겨울 전라도 남원으로 피신했다. '사람이 곧 하늘'이라는 동학의 큰 이치를 펼치던 중 영남 지방의 보수적 사상과 박해를 피해서였다. 그는 교룡산성 안에 있는 선국사에 은적암隱寂庵이라는 당호를 붙이고 8개월여 동안 머물며 수양했다.

이곳에 머무는 동안 남원 지방의 유생들과 종교인들이 찾아와 담론을 벌였다. 어느 날 송월당松月堂이라는 노스님이 수운을 찾아왔다. 수운이 보통 사람이 아님을 알고 담론을 나누기 위해서였다.

노스님이 물었다.

"선생은 불도佛道를 연구하십니까?"

"예, 나는 불도를 좋아합니다."

"그러면 어찌하여 중이 되지 않으셨소?"

"중이 아니고서도 불도를 깨닫는 것이 좋지 않소?"

노스님은 계속해서 유도儒道와 선도仙道에 대해서도 같은 방식으로 물었다. 수운은 모두 좋아하지만 그 어느 것에도 매이지 않는다고 답했다.

"그러면 무엇이란 말씀입니까? 아무것도 하는 것이 없이, 아무것이나 다 좋아한다 하니 그 말의 뜻을 알아들을 수가 없습니다."

그 말을 들은 수운이 되물었다.

"스님은 두 팔 중에 어느 팔을 배척하고 어느 팔을 사랑하는지요?"

노승은 그제야 그 말의 뜻을 깨달았다. "예, 알겠습니다. 선생은 몸을 사랑하는 분이시군요!"

수운이 답했다. "나는 오직 우주의 원리인 하늘님의 도(道), 바로 그 천도天道를 좋아할 뿐입니다."

이 말을 들은 노스님은 감복하여 한참 동안 말을 잇지 못하고 돌아갔다.

훗날 제자들이 물었다. "은적암 노승에게 왜 도를 전하지 않으셨습니까?"

수운의 대답은 이러했다.

"이미 물든 종이는 새로운 그림을 그리지 못하나니, 노승은 이미 물든 종이라. 건지려면 찢어질 뿐이니 그대로 두는 것이 도리어 옳지 않겠느냐."

수운의 이 말은 교육의 근본적 딜레마를 보여준다. 이미 확고한 신념과 사고방식에 젖은 사람에게 새로운 가르침을 전하는 것은 종이를 찢어버릴 위험이 따른다는 것이다.

   습관의 힘에 대해 플라톤도 비슷한 통찰을 보였다. 어떤 사람이 주사위 노름을 하는 것을 보고 플라톤이 비난하자, 그 사람이 "이것은 사소한 일입니다"라고 말했다. 플라톤은 이렇게 답했다. "하지만 습관은 사소한 것이 아니오."

도스토옙스키는 『지하생활자의 수기』에서 더욱 직설적으로 말했다.

> 나는 습관이란 많은 것을 뜻한다고 생각한다. 습관은 사람들에게 어떤 빌어먹을 짓도 하게 만든다.

수운의 지혜는 단순히 포기를 권하는 것이 아니다. 오히려 교육의 적기와 방법을 말하고 있다. 이미 굳어진 사고에 강제로 새로운 것을 덧칠하려 하면 오히려 파괴만 일으킬 뿐이다.

진정한 교육은 빈 종이에 그림을 그리는 것처럼, 열린 마음과 유연한 사고를 가진 이들에게 이루어져야 한다. 이것이야말로 '사람이 곧 하늘'이라는 동학의 가르침을 전하는 수운의 교육철학이었다.

> 강희맹, 기다릴 줄 아는 부모가 되어라

조선 전기의 문신이자 문장가인 강희맹姜希孟. 그가 남긴 문집 『사숙재집』에는 교육에 대한 탁월한 통찰이 담겨 있다. 일단 그가 이야기하는 부모와 스승의 역할론을 보자.

아버지가 아들을 대하는 것은 농부가 곡식을 대하는 것과 같다.

농부는 씨를 뿌리고 거름을 주며 정성껏 돌본다. 하지만 곡식이 자라나는 일은 곡식 자신의 몫이다. 농부가 아무리 애써도 씨앗 속의 생명력이 없다면 싹이 틀 수 없다. 반대로 농부가 조급해서 억지로 줄기를 잡아당긴다면 곡식은 죽고 만다.

강희맹은 자식 교육도 농사와 같다고 보았다. 부모는 자식에게 필요한 환경을 제공하되, 성장하는 일은 자식 스스로의 몫이라는 것이다. 부모의 역할은 가르치는 것이 아니라 깨우치도록 돕는 것이다. 강희맹은 나아가 이렇게 말한다.

> 오늘날의 비단옷의 따뜻함은 전생의 거친 베옷을 참은 결과이고, 훌륭한 음식의 맛은 나물밥의 오랜 누적에서 비롯된다.

이는 불교적 윤회를 말하는 것이 아니라, 고생을 모르는 자식은 인간됨의 뿌리를 잃는다는 것을 비유적으로 표현한 문장이다. 대개의 부모는 자식에게 부귀영화를 물려주려 안달이지만, 그것을 당연하게 여기며 자란 자식은 '세상은 원래 이런 것'이라고 착각하기 쉽다. 오늘날에도 부모는 대학, 높은 성적, 안정된 직장을 위해 자식에게 모든 것을 해주려 한다. 그러나 이런 '과잉돌봄'은 자식이 자기 삶을 살아가지 못하게 만든다.

진정한 교육은 그 반대에 있다. 자식이 세상의 어려움을 견딜 수 있는 힘을 기르는 것이다. 가난도 두려워하지 않고, 실패도 부끄러워하지 않으며, 외로움과 절망도 견딜 수 있는 토대. 그조차도 부모가 대신 그 기초를 닦아줄 수는 없는 것이다. 자식 스스로 체득하게 만들어야 한다. 공자는 『논어』에서 "가르침은 강요가 아니라 깨우침이어야 한다"고 했고, 맹자는 "자식에게는 스스로의 뜻이 있다"고 말한다. 역시 교육은 스승이 억지로 지식을 주입한 결과가 아니라, 제자가 스스로 깨닫게 하는 과정이라는 통찰이다.

  성공의 껍데기를 쓰고도 무기력하게 살아가는 수많은 청춘들을 보라. 그들에게는 성취는 있지만 성장은 없다. 부모가 깔아놓은 길을 따라 걸었을 뿐, 스스로 길을 개척하는 힘을 기르지 못했기 때문이다.

강희맹이 말한 교육의 핵심은 '자립'이다. 자립이란 단순히 경제적 독립이 아니다. 스스로 일어나는 힘, 실패해도 다시 도전하는 용기, 어려움 속에서도 자신의 길을 찾아가는 지혜다. 부모가 자식에게 줄 수 있는 최선의 유산이란, 바로 이런 자립심을 기르는 것이다. 물고기를 주는 것이 아니라 물고기 잡는 법을 가르치는 것처럼, 답을 주는 것이 아니라 스스로 답을 찾는 능력을 길러주는 것이다.

부모는 자식을 위해 무엇을 해야 할까? 우선 농부처럼 기다릴 줄 알아야 한다. 씨앗이 싹트는 시간, 꽃이 피고 열매 맺는 과정을 믿고 기다리는 것처럼, 자식이 스스로 성장할 시간을 주어야 한다.

  교육은 강요가 아니라 안내이고, 개입이 아니라 기다림이며, 가르침이 아니라 깨우침이다. 자식이 실패를 겪더라도, 돌아가는 길을 택하더라도, 그 모든 과정이 성장의 밑거름이 된다는 것을 부모는 믿어야 한다. 강희맹의 지혜는 500년이 지난 오늘날에도 유효하다.

> 채세영, 단 하루라도 직을 맡고 있다면

역사를 뒤덮는 어둠 속에서도 빛나는 한 획이 있다. 그것은 칼이 아니라, 붓으로 그어진다. 조선 중종 때 기묘사화의 한복판에서 채세영蔡世永이 들었던 그 붓처럼.

기묘사화로 조광조 일파가 역적으로 몰리던 때, 정국은 훈구파의 손에 넘어가고 있었다. 중종은 사림을 억누르기 위해 새로운 인사 조치를 단행했다. 그런데 새로 임명된 주서가 아직 궁에 도착하지 못하자, 대신 검열 채세영에게 조광조 일파를 처벌하는 교지를 작성하라는 명이 떨어졌다.

채세영은 몸이 몹시 허약한 사람이었다. 입은 옷조차 무겁게 느껴질 정도였다. 그러나 그는 붓을 쥔 채 단호하게 말했다.

> 이들의 죄가 뚜렷하지 않으므로, 나는 빈말로 교지를 쓸 수 없습니다.

임금이 지켜보는 가운데서였다. 당황한 성운이 붓을 빼앗으려 들자, 채세영은 손을 부르르 떨며 외쳤다.

> 이것은 역사를 쓰는 붓입니다. 아무나 함부로 잡을 수 있는 것이 아닙니다.

채세영은 한순간의 임시직에 불과한 사람이었다. 그러나 그는 붓에 담긴 책임을 누구보다 무겁게 여겼다. 단지 명을 거부한 것이 아니라, 직책의 무게와 인간의 도리를 동시에 짊어진 것이다.

겨우 하루라도 직을 맡고 있다면, 그 하루조차 허투루 쓰지 않겠다는 마음. 채세영의 붓은 단순한 도구가 아니라, 시대를 향한 정의의 결기를 품고 있었다.

훗날 사람들은 채세영이 길을 지날 때마다 이렇게 속삭였다. "저 사람이 임금 앞에서 붓을 뺏은 사람이다." 그 말은 조선 선비정신의 진면목을 보여주는 영예로운 기억이 되었다.

채세영의 행동은 조선이 오랜 세월을 이어올 수 있었던 이유 중 하나다. 역사를 쓰는 사람이 스스로를 속이지 않고, 진실을 외면하지 않았기에, 조선은 단지 무력이나 권모술수로만 이어진 나라가 아니었다.

그가 지킨 것은 무엇이었을까? 첫째는 진실이었다. 죄가 뚜렷하지 않은 사람을 죄인으로 기록할 수 없다는 원칙. 둘째는 직업적 양심이었다. 비록 임시직이라도 맡은 바 책임을 다하겠다는 신념. 셋째는 역사에 대한 책임감이었다. 자신이 쓴 글이 후세에 미칠 영향을 깊이 인식했던 것이다.

오늘날 우리는 어떤가? 공직을 맡은 이들이 '역사를 쓰는 붓'을 손에 쥐고 있다는 사실을 자각하고 있을까?

정치인의 한 마디는 한 사람의 인생을 바꿀 수 있고, 공무원의 한 번 결정은 시민의 삶에 직접 영향을 미친다. 교사의 한 시간 수업은 학생의 미래를 좌우할 수 있고, 언론인의 한 줄 기사는 여론을 움직인다. 법조인의 판단은 정의의 실현과 직결된다. 모두가 저마다의 붓을 들고 역사를 써나가고 있는 것이다.

공직자는 단순히 법을 지키는 것만으로는 부족하다. 법 이전에 '도리'를 지켜야 한다. 채세영은 그 도리 앞에서 몸이 떨리는 약자였지만, 붓을 뺏기지 않으려는 강자였다. 그의 떨리는 손끝이 보여주는 진실은 무엇인가? 두려움 속에서도 옳은 것을 택하는 용기, 작은 자리라도 맡은 바 책임을 다하는 성실함, 개인의 이익보다 공공의 선을 앞세우는 헌신이다.

직을 맡는다는 것은 잠시라도 공적인 권한을 위임받았다는 뜻이다. 이 작은 사실이야말로 민주주의의 출발점이다.

하루라도, 반나절이라도 책임을 맡았으면 그 시간만큼은 '역사를 쓰는 사람'이라는 자각으로 살아야 한다. 역사에 부끄럽지 않은 사람이 되겠다는 생각으로 직에 임하는 것. 그것이 우리가 되찾아야 할 가장 기본적인 윤리다.

채세영의 붓이 지킨 것은 진실이며, 사람이며, 나라였다. 우리가 그 정신을 이어받을 때, 이 사회는 다시금 진실과 정의의 무게를 회복할 수 있을 것이다.

양심으로 써내려가는 기록들이 훗날 역사가 되었을 때, 우리는 어떤 평판을 받게 될까? 그 물음 앞에서 우리는 오늘도 각자의 붓을 들어야 한다.

박제가, 잘 노는 법

어제 금강 가에서 장상수 선생의 물수제비를 보았다. 평온한 물살이 아닌 여울져 흐르는 강물 위를 수십 겹으로 번져가며 튀어 오르던 돌팔매가 감탄을 넘어 보는 이들에게 어떤 신묘함마저 느끼게 했다. 그것을 보며 묘향산 자락 향산천에서의 추억을 떠올렸다. 푸른 잎갈나무와 사스레나무, 그리고 가문비나무와 자작나무가 서 있는 그 삼지연의 풍경, 바람이 나뭇잎 사이를 가르며 흐르고, 푸른 물이 계곡을 따라 낭만처럼 흐르던 홍류동 계곡, 신덕산 샘물과 송화 찹쌀술, 그리고 블랙커피를 곁들여 먹었던 점심, 양진규, 박용승, 그리고 안개처럼 뿌옇게 남아 있는 다른 사람들의 얼굴들.

왜 냇가라는 점을 빼고는 아무 관련이 없을 향산천이었을까? 나는 이내 알아차렸다. 조선 후기 실학자 초정 박제가가 물수제비에 대해 남긴 글이 있었고, 그 배경이 향산천이었다. 박제가의 기행문 「묘향산기」에 나오는 이야기다.

> 마천령을 넘어 석양 녘에 향산천을 건넜다. 냇가의 돌바탕에서 얄팍한 돌들을 골라 몸을 나직하게 비켜서서 물 가운데를 향하여 팔매를 갈래 쳤다. 돌은 물껍질을 벗기면서 세 번도 뛰고 네 번도 뛰어나갔다. 느린 놈은 두꺼비처럼 덥적거리다가 빠지고, 가벼운 놈은 날래게 제비처럼 물을 차며 나가는 것이다.

그는 계속해서 묘사한다.

> 어떤 놈은 우연히 수면에 참대를 그리면서 마디마디 연장되어 나가기도 하며, 혹은 찰락찰락 끝을 채며 인을 찍어 나가니 뾰족한 흔적은 뿔 같고, 층층한 파문은 탑 같았다. 이것은 아이들의 놀음이다. 물결이 겹겹이 수면에 움직이는 것을 겹물놀이라 한다.

박제가의 글에서 주목할 점은 단순한 놀이 묘사를 넘어서는 관찰의 정교함이다. 그는 돌의 움직임을 '두꺼비'와 '제비'에 비유하고, 파문을 '뿔'과 '탑'으로 형상화했다. 아이들의 단순한 놀음에서 자연의 원리와 미적 감각을 발견한 것이다. 진정한 '잘 노는 법'을 깨우친 사람이다. 놀이를 그저 시간 때우기나 단순한 재미로 보지 않고, 그 안에서 삶의 의미와 자연의 이치를 읽어내는 것.

물수제비는 단순해 보이지만 실제로는 복합적인 기술이 필요하다. 적당한 무게와 두께의 돌을 선별하는 안목, 몸을 낮추고 팔을 휘두르는 자세, 물의 각도와 돌의 회전을 계산하는 감각이 모두 조화를 이뤄야 한다. 박제가는 이런 놀이를 통해 몸의 리듬과 마음의 집중, 그리고 자연과의 교감을 동시에 경험했다. 현대인들이 헬스장에서 운동하고 명상 센터에서 마음을 다스리려 하는 것을, 선조들은 하나의 놀이로 해결했던 셈이다.

박제가의 묘사에서 또 하나 배울 점은 세심한 관찰력이다. 그는 같은 돌팔매라도 각각의 특성을 구분해서 봤다. '느린 놈'과 '가벼운 놈', '우연히 참대를 그리는 놈'을 따로따로 기록했다.

이런 관찰은 단순한 구경과는 다르다. 현상 속에서 패턴을 발견하고, 차이점을 인식하며, 그 안의 아름다움을 포착하는 적극적 행위다. 놀이가 단순한 소비가 아니라 창조적 행위가 되는 순간이다.

오늘날 우리는 어떻게 놀고 있는가? 대부분의 여가는 스마트폰 속 콘텐츠를 소비하는 것으로 채워진다. 수동적이고 개별적이며 자연과 단절된 놀이들이다.

　박제가의 겹물놀이는 정반대다. 몸을 움직이고, 자연과 교감하며, 그 과정에서 미적 감각을 기른다. 무엇보다 스스로가 놀이의 주체가 되어 창조적 행위를 한다.

　전국 곳곳의 강과 호수에서 물수제비 놀이를 다시 즐길 수 있다면 어떨까? 세대를 넘어 함께 할 수 있는 놀이, 특별한 장비나 비용 없이도 즐길 수 있는 놀이, 자연과 친해질 수 있는 놀이를 회복하는 것이다. 박제가가 보여준 것처럼, 진정한 놀이는 단순한 오락으로만 그쳐서는 안 된다. 좋은 놀이는 몸과 마음을 기르고, 자연을 이해하며, 미적 감각을 키우는 종합적 경험이 된다.

물수제비는 우리 삶과 닮았다. 작은 행동 하나가 예상치 못한 파급효과를 가져오고, 그것이 다른 것들과 만나 새로운 결과를 낳는다. 다시 물가에 서서 돌 하나를 던져보자. 낮은 자세로, 정성껏. 그 파문 속에서 우리는 박제가가 발견한 '잘 노는 법'의 지혜를 만날 수 있을 것이다.

5부

나눔, 공부, 생명

"우리 모임은 노점상을 단속하지 않습니다."

당신들의 천국

내 운명은 초년부터 순탄치 않았다. 일찍부터 작가가 되겠다는 목표를 세웠으나 가난 때문에 학교에 다닐 수 없었고, 오로지 작가가 되기 위해 책만 빌려서 읽다가 군대에 갔다. 군 제대 후 마땅히 할 일이 없어 어정거리다가 소설가 이청준의 「이어도」라는 소설이 생각나서 제주도로 갔다. 하지만 '이어도'는 실존하는 곳이 아니었다. 신제주 건설 때문에 벌어진 공사판만이 돈이 떨어진 내 앞에 기다리고 있었다.

그곳에서 벌어온 돈으로 전두환 정권 초기인 1981년 전북대학교 부근에서 음식점을 차렸고, 반골 기질의 젊은이가 차린 그 음식점은 자연스럽게 운동권 학생의 아지트가 되었다. 그해 8월 말 안기부에 '간첩혐의'로 끌려가 모진 고문을 받았으며 가까스로 풀려났다.

그 뒤 정신과 육체가 피폐해져 삶의 갈피를 못 잡고서 책만 읽던 어느 날, 어느 순간이었다. 소설가 이청준이 소록도 나환자촌을 배경으로 쓴 「당신들의 천국」을 읽던 중 하나의 문장이 나에게 운명처럼 다가왔다. "믿음이나 공동운명의식은, 그리고 자유나 사랑은 어떤 실천적인 힘의 질서 속에 자리 잡고 설 때라야 비로소 제값을 찾아 지니고, 그 값을 실천해 나갈 수 있다"는 구절이었다.

절망의 늪에서 헤어 나오지 못하던 내가, 이 땅에서 조그맣게나마 더불어 살아가기 위해 끊임없이 새로움을 추구하는 힘, 그 힘의 실마리를 발견한 것이다. '실천적인 힘', 곧 실천 없는 사랑과 자유라는 낱말은 다 허사라는 말이다. 그 구절을 곰곰이 되씹고 나서 내 가슴 속에서 꿈틀거리는 그 무엇인가를 느꼈다. 나는 주저하지 않고 문화운동을 시작했고, 그때야 비로소 글이 써지기 시작했다.

카페 이름을 '당신들의 천국'으로 짓고서 처음으로 전화를 받았다. "당신들의 천국이지요?" 나는 난감했다. 당신들의 천국이라니, 당치도 않은데, '우리들의 천국'도 아닌, '당신들의 천국'이라니, 대답은 촌각을 다투는데 내 마음속에 어떻게 대답해야 좋을지에 대한 수천 가지 상념이 찰나를 스치고 지나갔다. 그런데 그때 깨달음처럼 한 생각이 떠올랐고, 나는 다음과 같이 대답했다.

"예, 당신들의 천국입니다." 내가 그렇게 대답하는 순간 내가 만든 카페가 '나의 천국'이 아닌 '당신들의 천국'으로 전이한 것이다.

소록도, 나환자들의 나라, 그곳에 천국을 만들고자 했던 조백헌 원장의 꿈은 결국 무산되었다. 그들의 피와 땀으로 간척된 오마도는 환자가 아닌 뭍 사람들의 것이 되고 말았다. 나는 어떤가? 나 역시 당신들의 천국을 만들고자 했었다. 하지만 내가 꿈꾸었던 천국 역시 완성되지 못한 채 막을 내렸다.

당연한 이야기다. 모든 사람이 갈망하는 천국을 어떻게 만들 수 있겠는가? 그 꿈이 가당치 않았다는 것을 뒤늦게야 알게 되었다. 돌이켜보니 나의 꿈은 항상 컸다. 제주도 그 먼바다에 있다는 이상향 '이어도'였고, 두 번째 지은 가게 이름이 조선 명종 때의 큰 도적인 임꺽정의 산채 이름을 따서 지은 '청석골'이었다. 그리고 '당신들의 천국'까지. 나의 꿈은 컸지만, 그것으로 끝이었다.

이상은 항상 이상으로만 머물고 현실은 항상 각박하기만 했다. 그러나 이 모든 실패를 통해 두 가지를 깨달았다. 하나는 실천이 전제되지 않으면 불가능하다는 것이다. 자유니 사랑이니, 하는 것 모두가 마찬가지다. 다른 하나는 남은 생애, 내 몸, 내 정신을 가능성 속에서 남김없이 연소하고 가자는 것이었다. 마치 에밀리 디킨슨의 시 한 소절처럼 말이다.

나는 가능성 속에서 살아간다.

방외지사의 삶을 살다

신사동에서 이번에 나온 책 『지옥에서 보낸 7일』의 '신정일의 위험하고도 쓸쓸한 북 토크쇼'를 마치고 심야버스에 몸을 실었다. 유진 오닐의 『밤으로의 긴 여로』를 떠올리며 내 거처가 있는 전주라는 도시를 향해 내려가며 나를 찬찬히 떠올려 보았다.

"나는 살아있다. 나는 운명이 내게 정해준 길을 끝까지 걸어왔다." 베르길리우스의 말이다. 그렇다면 나는 어떻게 살아왔을까?

나는 죽어야 할 때 죽지 않고 오래도 살았다. 그러다 보니 사람들로부터 여러 별칭으로 불리고 있다. '현대판 김정호', '현대판 이중환', '신삿갓', '향토사학자', '걷기 도사'라는 별칭 외에도 작고한 박원

순 서울시장은 '강과 길의 철학자'라고 했고, 도종환 시인은 '길의 시인', 조용헌 선생은 '방외지사'라고 했으며 김지하 시인은 '삼남 일대를 걸어 다니는 민족민중사상가', 제주 올레의 서명숙 이사장은 '걸어 다니는 네이버'라는 별칭을 과하게 붙여주었다.

그중 내가 살아가는 방식만 놓고 보면 가장 걸맞은 별칭은 아마 '방외지사'일 것이다. 조용헌 선생이 나에게 붙인 별칭이다. 그는 방외지사의 조건을 이렇게 말했다. 첫째, 매일 정해진 시간에 출퇴근을 하지 않는 사람, 둘째, 여행을 많이 하는 사람, 셋째, 되도록 많이 걸어 다닐 수 있는 사람이라고.

말이 좋아서 방외지사지, 달리 말하면 할 일이 없어서 이곳저곳을 떠돌아다니는 사람이다. 그렇다고 내세울 만한 직업도 없고, 비빌 언덕도 없었다. 가족이든 친구들이건 그 누구에게도 조그마한 금전적 혜택을 줄 수 없는 무능력자가 더 맞는 말일 것이다.

어떤 사람들은 나를 '영혼이 자유로운 프리랜서'라고 말한다. 과연 그럴까? 하지만 자유로운 직업이라고 모두가 선망하는 프리랜서의 삶은 고달프기만 하다. 소속이 없으므로 자유롭지만, 글을 쓰지 않거나 일을 안 하면, 통장에는 일 원 한 푼 들어오는 법이 없다. 프리랜서의 삶은, 철저한 자기 관리 외에는 달리 방법이 없다.

방외지사의 삶을 곧이곧대로 살다간 사람이 바로 매월당 김시습이었

다. 율곡이 쓴 『김시습전』을 보면

> 사람 된 품이 얼굴은 못생겼고 키는 작으나 호매영발하고 경직하여 남의 허물을 용서하지 않았다. 시세에 격상하여 울분과 불평을 참지 못하였다.
>
> 　세상을 따라 저항할 수 없음을 스스로 알고 몸을 돌보지 아니한 채 방외로 방랑하게 되어, 우리나라의 산천치고 발자취가 미치지 않은 곳이 없었다.

고 전한다.

　매월당 선생의 행적을 보면 그 자신의 성품이 본래부터 아웃사이더였는데, 그 당시 정치 상황과 맞물려서 방외지사의 삶을 살다 간 것이라 볼 수 있다. 매월당 선생과 달리 나의 방랑은 가난으로부터 시작되었다. 하지만 나의 성격 자체가 누구와도 잘 어울리지 못하는 내성적인 성격이었기 때문에 더욱 방외로 떠돈 것인지도 모른다.

　나는 학교를 다니지 않았기 때문에 정규교육을 받을 수 없었다. 그러므로 사회성이 떨어진다느니, 대인관계가 매끄럽지 못하다느니 하는 여러 말을 들으면서 아웃사이더로 살 수밖에 없었다. 하지만 혼자 세상을 바라보고 혼자 나름의 공부법을 세웠고, 수많은 책을 읽고 세상을 편력하면서 공부했다. 그러다 보니 다른 사람들과는 다른 창의

적이거나 독창적인 생각을 하게 된 것만은 사실이었던 것 같다.

조용헌 선생은 나를 이렇게 평했다. "어찌 보면 그는 대안 교육의 모델이 되는 사람이기도 하다. 제도권 교육을 받았다면 그는 방외지사가 될 수 없었다. 무학력의 정신이 신정일로 하여금 전국의 산하를 걷도록 만들었다. 그는 학벌도 없고, 조직의 보호도 없었고, 월급도 없는 삶을 이제까지 살아왔다. 뚝심 하나로 밀어붙였다."

그렇다. 나는 뚝심 하나로 여기까지 왔다. 궁하면 변하고, 변하면 통하고, 통하면 오래 갈 수 있다는 『주역』의 말처럼 나 나름의 길을 걸어왔다. 이제 내 앞에 무엇이 기다리고 있는지 두려워하지 말고 나아가려고 한다. 방외지사의 삶, 그것이 나의 운명이니까.

기억은 감탄에서 시작된다

철원군 김화읍 생창. 낯익은 이름인데, 그 연고를 떠올리지 못한 채 한참을 지나쳤다. 그런데 문득, 허균의 형이자 허난설헌의 오라버니였던 허봉이 바로 그곳에서 삶을 마감했다는 사실이 떠올랐다. 실로 잊기 어려운 이름과 장소였건만, 한때 『허균 평전』을 쓰며 그의 일가를 그토록 깊이 탐구했던 내가 어쩌다 생창역과 허봉을 연결짓지 못하고 지나쳤단 말인가. 그 사실 하나만으로도 가슴 한편이 쓰렸다.

허봉은 조선 중기의 문인이자 관료로, 동인의 영수로 활동했다. 한때는 율곡 이이와 가까운 벗이었으나, 당쟁의 소용돌이 속에서 서인으로 기울어진 율곡을 비판했고, 결국 선조의 눈 밖에 나 유배를 떠났다. 1593년 강원도 갑산으로 유배되었다가 이듬해 풀려났으나 정치에 대한 회의를 품고 방랑에 들어간 그는 38세의 짧은 생을 생창역에서 마감했다. 말년은 한갓 떠도는 이방인에 불과했으나, 그의 죽음은 외롭지 않았다. 친구였던 금화현감 서인원이 그의 장례를 도왔고, 그는 결국 아버지 허엽의 묘소 곁에 묻혔다.

실학자 성호 이익은 『성호사설』에서 허봉을 이렇게 평가했다.

> 성격이 활달하여 자기가 옳다고 생각한 바를 굽히지 않았다. 임금 앞에서 논의할지라도 거리낌이 없었고, 관의 일을 처리함에 명쾌하고 정연했으며, 대간으로서나 어사로서 기강을 바로 세우는 데 냉철하고 굳건했다. 문장은 온화하고 절제되어 있었으며, 시의 재능은 빼어나고 그 내용은 호방하였다.

이익의 이 다섯 줄 평만으로도 허봉이 얼마나 청렴하고 강직하게 살았는지 충분히 짐작할 수 있다. 그의 친구였던 서애 유성룡도 허봉을 회상하며 감탄을 금치 못했다.

> 내 친구 허미숙은 세상에 드문 재주를 지녔으나, 불행히도 일찍 세상을 떠났다. 나는 그의 유문을 보고 무릎을 치며 찬탄을 멈추지 못했다.

이토록 찬란한 기억 속에 살아 있는 인물을, 나는 잊고 있었다. 아니, 정확히 말하면 그의 마지막 장소와 나의 기억 속 지도가 접점을 잃은 채 어긋나 있었다. 이 사실 하나가 내게 큰 자책으로 다가왔다. '기억력에 가장 좋은 약은 감탄하는 것이다'라고 평소 자주 말해왔건만, 내가 감탄의 감각을 잃어버린 것은 아닐까?

돌이켜보니 나는 관심 없는 것에는 전혀 기억력을 발휘하지 못한다. 내가 좋아하고 사랑하는 것에만 집중할 때 기억이 생생해진다. 어린 시절의 관찰력이 어른이 되어서도 남아 있는 사람들이 있는데, 그들은 모두 아이처럼 감탄하는 능력을 잃지 않은 사람들이다. 찰스 디킨스는 『데이비드 코퍼필드』에서 다음과 같이 썼다.

> 어른의 뛰어난 관찰력은 결국 어린 시절의 관찰력을 잃지 않고 그대로 간직하고 있기 때문이다.

감탄이 기억을 되살리고, 감동은 그 기억에 살을 붙인다.

나는 이제 허봉을 기억 속에서 다시 꺼내어 세워본다. 생창역이라는 낯익은 지명은 더 이상 지리적 좌표가 아니다. 그것은 기억의 지문이자, 조선 중기 한 선비의 단단한 삶이 눌러앉은 자리다. 나는 그곳에 다시 가보고 싶다. 낙엽이 뒹구는 가을날, 생창역을 걸으며 허봉의 숨결을 되새기고 싶다. 허균과 허난설헌, 그리고 허봉이 공유했던 정신의 뿌리를 다시금 더듬어 보고 싶다.

    기억은 종종 오류를 범하지만, 그것을 바로잡는 힘 또한 기억에 있다. 나는 오늘 생창역을, 그리고 그곳에서 짧고 치열한 생을 마친 허봉을 마음 깊이 기억해두기로 한다.

> 욕심보다, 생명

알베르 카뮈는 『페스트』에서 말한다.

두더지까지도 희망을 가지려 드는 이 무시무시하고 혼란한 세계.

날이면 날마다 세상은 시끄럽고, 사람들은 저마다 무언가를 얻으려 아등바등한다. 누군가는 더 높은 자리를 탐하고, 누군가는 더 많은 돈을 움켜쥐려 하며, 또 누군가는 더 큰 명성을 쫓아 헤맨다. 머리가 지끈거릴 정도로 어지러운 세상 속에서 나는 자주 묻곤 했다. 도대체 사람들은 무엇을 그토록 간절히 원하는 걸까? 그리고 그렇게 얻은 것들이 과연 행복을 가져다줄까?

욕심이 만들어낸 세상의 풍경은 참으로 기이하다. 권력을 얻기 위해 동료를 배신하고, 돈을 벌기 위해 양심을 저당 잡히며, 성공하기 위해 가족과의 시간마저 포기한다. 그렇게 치열하게 살아도 만족하는 이는 드무니 어찌된 일인가. 오히려 더 많이 가질수록 더 간절해지고, 더 높이 올라갈수록 더 불안해한다. 마치 끝없는 경주를 하는 듯하다.

이런 모습을 보며 나는 전국시대 제나라의 안촉이라는 은사를 떠올린다. 세속의 벼슬에 뜻을 두지 않고 숨어 살던 그를 제나라 선왕이 불렀다. 그러나 그는 꼼짝도 하지 않고 외쳤다. "선왕께서 이리 오시지요." 신하들이 분노하자, 그는 태연하게 말했다.

내가 왕에게 걸어가면 굽신거리는 것이오, 왕이 내게 오면 문사를 존중하는 것입니다. 그래서 기다리는 겁니다.

"문사가 귀한가, 임금이 귀한가?" 왕이 묻자 그가 대답했다.

예전 진나라가 제나라를 칠 때, 문사 유하혜의 무덤 근처 풀 한 포기라도 해친 자는 참형에 처하라 했습니다. 반면 제나라 임금의 목을 베어 온 자에게는 만호후 작위를 주었지요. 이를 보면, 죽은 문사의 무덤이 살아 있는 임금보다 귀했던 셈입니다.

선왕은 안촉을 가상히 여겨 높은 관직을 제안했지만, 안촉은 그마저도 사양하며 말했다. "배고플 때 먹는 밥이 고기처럼 맛있고, 두 다리로 걷는 것이 수레를 탄 듯 편안하며, 죄짓지 않으면 그 자체로 존귀하고, 청렴하면 마음이 즐거운 법입니다."

안촉의 이 말에는 깊은 철학이 담겨 있다. 그는 권력이나 부귀가 주는 만족보다, 일상의 소박한 기쁨이 더 크다는 것을 알고 있었다. 배고플 때 먹는 밥맛, 두 발로 걷는 기쁨, 떳떳한 마음으로 사는 편안함. 이런 것들은 돈으로 살 수 없고, 권력으로 얻을 수도 없다. 오직 욕심을 내려놓을 때만 누릴 수 있는 것들이다.

『사기』에는 비슷한 이야기가 있다. 초나라 위왕이 장주에게 재상의 자리를 제안하자, 장주는 이렇게 말했다.

왕께 잘 먹고 잘 길러졌다가 희생당하는 소가 되고 싶지는 않습니다. 차라리 더러운 시궁창에서 뛰노는 돼지가 낫습니다.

장주의 이 말은 거칠어 보이지만 핵심을 찌르고 있다. 권력의 자리는 겉으로는 화려해 보이지만, 실상은 언제든 희생될 수 있는 위태로운 자리다. 오히려 자유롭게 사는 평범한 삶이 더 안전하고 행복할 수 있다는 것이다. 돼지는 더럽지만 자유롭게 뛰논다. 소는 잘 먹고 살지만 결국 도축될 운명이다.

이들이 공통으로 말하는 것은 무엇인가? 권력과 부귀보다 생명이 소중하다는 것이다. 여기서 말하는 생명은 단순히 목숨을 의미하는 것이 아니다. 자기다운 삶, 자유로운 삶, 떳떳한 삶을 뜻한다. 그렇다면 생명답게 산다는 것은 무엇일까?

남의 욕망에 끌려다니지 않고 자기 본성에 따라 사는 것이다. 배고프면 먹고, 졸리면 자고, 걷고 싶으면 걷는 것. 복잡하게 생각할 것도 없이 자연스럽게 사는 것이다. 타인의 시선을 의식해서 가면을 쓰지 않고, 사회의 기준에 맞추려고 자신을 왜곡하지 않으며, 남들이 좋다고 하는 것을 무작정 따라하지 않는 것이다.

하지만 현실에서 이렇게 사는 것은 쉽지 않다. 사회는 끊임없이 우리에게 무언가를 요구한다. 더 많이 벌라고, 더 높이 올라가라고, 더 성공하라고 재촉한다. 그 목소리들 속에서 자기 목소리를 듣기란 여간 어려운 일이 아니다.

로마 황제이자 철학자였던 마르쿠스 아우렐리우스는 다음과 같이 말했다.

> 그대와 어린아이들, 그리고 칭송받는 자와 비난받는 자 모두가 한 잎의 나뭇잎일 뿐이다.

자연이라는 거대한 관점에서 보면 사람들이 그토록 치열하게 다투는 것들이 얼마나 하찮은 일인가. 세찬 바람이 몰려오거나 계절이 지나면 나뭇잎은 떨어진다. 아무리 푸르고 싱싱해도, 아무리 크고 멋져도, 결국 떨어질 운명이다.

사람도 마찬가지다. 사람들이 영원히 살 것처럼 욕망하고, 영원히 권력을 쥘 수 있을 것처럼 행동해도 머지않아 눈을 감게 될 것이다. 한때 세상을 주름잡던 권력자들도, 무소불위의 힘을 휘둘렀던 부자들도, 모두가 한때 스쳐간 바람일 뿐이다. 그렇다면 짧은 생 동안 무엇이 중요한가? 권력도 명예도 재물도 결국 한때일 뿐이다. 중요한 것은 지금 이 순간 내가 나답게 살고 있는가다.

> 우리는 노점상을 단속하지 않습니다

셰익스피어는 『햄릿』 5막에서 시대를 조롱하듯 그려냈다.

> 요즘 비옥한 땅을 넓게 소유한 자는 짐승 같아도 대감이라 불린다네. 여물을 들고 왕과 함께 식사하는 세상이니 말일세.

그리고 덧붙인다.

> 시류에 편승하여 겉치레뿐인 사교술을 장착한 자들이 판을 치고 천박한 학문을 자랑하며 깊은 사유를 조롱한다네.

고대 로마의 극작가 테렌티우스도 극 속 인물의 입을 빌려 이렇게 말했다.

소를 몰던 여자의 딸이라 해도, 돈만 있다면 천 명의 남자 중 원하는 자를 골라 남편으로 삼을 수 있다.

돈 앞에선 인격도 출신도 의미를 잃는다는 뜻이다.

몇 해 전, 한 기관의 구성원들과 독서기행을 떠났을 때 나는 이런 현실을 직접 목격했다. 버스 안에서 참가자들에게 "당신의 꿈은 무엇입니까?"라고 물었더니, 대답은 몇 가지 틀 안에 모였다. "로또에 당첨됐으면 좋겠어요." "부자가 되고 싶어요." "건물을 하나 갖고 싶어요." 신입사원들이건 중견 간부들이건 크게 다르지 않았다.

단 한 명, 한 젊은이가 말했다. "언젠가 아들과 함께 산티아고 순례길을 걷고 싶습니다." 나는 그 말이 반가웠다. 마침내 '갖고 싶은 것'이 아닌 '하고 싶은 일'을 말하는 사람을 만났기 때문이다.

돌이켜보니 나 역시 젊은 시절에는 다르지 않았다. 가난한 집 출신이라 무엇보다 돈을 벌고 싶었고, 안정된 직장을 얻고 싶었다. 그런데 언제부터인가 내 꿈이 바뀌었다. 소유에서 질문으로, 가짐에서 물음으로.

그 변화의 계기는 열일곱 살 무렵 읽은 도스토옙스키의 『카라마조프가의 형제들』에서 미쨔가 한 말이었다.

> 우리는 수백만 금을 원하는 것이 아니라, 자기 자신에 대한 질문의 해답을 찾는 사람이 되고 싶은 것입니다.

이 말을 삶의 금과옥조처럼 품었다. 돈보다 질문을, 소유보다 사유를. 알베르 카뮈는 "돈을 목적으로 삼는 삶은 죽음이다. 부활은 무사무욕 속에 있다"라고 단호하게 말했다. 오늘날 우리는 돈이 사람을 지배하는 시대를 살아간다. 돈이 삶의 수단이 아니라 주인이 된 세계에서, 사람은 돈의 노예로 존재한다.

그렇다면 우리에게 필요한 것은 무엇인가? 괴테는 이렇게 답한다.

> 삶에서 가장 중요한 것은 사고와 행동, 행동과 사고. 이것이 지혜의 전부다.

생각이 행동을 낳고, 행동은 다시 깊은 사유를 불러오는 순환. 그리고 무엇보다 물질은 물처럼 흘러야 하고, 나누어져야 한다. 아무런 사심 없이 누군가에게 자신의 가진 것을 나누어 주는 순간 자신의 영혼이

맑아지고, 비로소 삶은 맑고 투명해지기 때문이다.

    답사를 떠나서 걷다가 쉴 때면 '길 위의 인문학 우리 땅 걷기' 회원들이 미리 챙긴 과일과 간식을 나눈다. 나는 그럴 때마다 말한다. "우리 모임은 노점상을 단속하지 않습니다." 가진 것을 나누는 행위 속에서 마음은 가벼워지고, 삶은 깊어진다.

무엇을 선택할 것인가

살아가면서 우리는 끊임없이 선택한다. 사소한 일상의 선택에서부터 인생의 방향을 좌우할 큰 결정까지, 수없이 갈림길 앞에 선다. 이때 무엇을 중히 여기느냐에 따라 그 사람의 삶은 전혀 다른 길로 나아간다.

사람마다 귀히 여기는 것이 다르다. 어떤 이는 돈을, 어떤 이는 권력을, 또 어떤 이는 명예나 지식이나 예술을 인생의 최우선 가치로 여기며 산다. 마치 인생이라는 큰 시장에서 값비싸다고 여기는 물건을 고르듯, 저마다의 가치를 선택하고 그에 따르는 대가를 지불하며 살아간다.

중국 전국시대 여불위가 편찬한 『여씨춘추』에는 흥미로운 이야기가 나온다.

지금 여기에 백금百金의 돈과 수수경단을 놓고 어린아이에게 어느 것을 가질 것인지 묻는다면, 어린아이는 반드시 수수경단을 집을 것이다. 여기 화씨和氏의 구슬과 백금을 놓고 촌사람에게 어느 것을 선택할지를 묻는다면, 촌사람은 백금을 택할 것이다. 그러나 화씨의 구슬과 도덕적인 지극한 언어를 현인에게 보이며 어느 것을 택하겠느냐 묻는다면, 현인은 반드시 언어를 선택할 것이다. 그러므로 이렇게 말한다. '지혜가 정심精審할수록 그가 선택하는 것도 정심하고, 지혜가 소략할수록 그가 선택하는 것도 소략하다.'[29]

지혜의 수준에 따라 선택의 기준이 달라진다는 이야기다. 하지만 현대인들조차 많이들 재물을 추구하고, 권력을 탐하고, 나중에는 명예를 좇는다. 그렇게 삶은 끊임없는 욕망의 사슬 속을 맴돈다. 무언가를 다 이룬 듯 보일 때조차 허전함에 사로잡힌다.

보들레르는 말한다.

인생은 환자들이 제가끔 침대를 바꿔 놓고 싶어 하는 욕망에 들린 하나의 병원이다. 어떤 환자는 난로 앞에 누워 괴로워하고 싶어하는가 하면, 어떤 환자는 창문 옆자리라면 회복되리라고 믿고 있다.

---

29 『여씨춘추』 권12, 「의도擬度」

현재 있는 곳이 아닌 다른 곳에서라면 모든 게 좋으리라고 생각하며 끊임없이 불만족 속에서 살아가는 것이 대부분 인간들의 모습이라는 얘기다.

　중요한 것은 선택 그 자체보다, 무엇을 귀하게 여기며 선택하느냐 하는 마음의 중심이다. 작은 이해득실에 휘둘리고 세속의 기준에 흔들리는 시대에 우리가 가르쳐야 할 것은 무엇일까?

'무엇'을 쫓아다니느냐 대신, '왜' 쫓느냐란 근원적 질문을 던지는 것부터 시작해야 하지 않을까. 그런데 세상은 점점 그런 질문을 하는 이들을 이상하게 본다. 이유 따위 묻는 대신에, 그냥 살면 되지 않느냐고 한다. 하지만 묻지 않고 사는 삶이 과연 삶일 수 있을까?

사실 그것은 정답이 정해진 문제가 아니다. 각자가 스스로 찾아가야 할 길이다. 하지만 분명한 것은 그 선택의 깊이가 그 사람 삶의 깊이와 맞닿아 있다는 것이다.

　송나라 소동파는 담장 너머 흰 배꽃을 보며 시를 적었다.

인생에 이런 청명함을 볼 날이 그 얼마이리

세상의 욕망과 시끄러움에서 한 발짝 물러나 배꽃 한 그루를 보며 맑고 고요한 청명함을 느끼는 시인의 마음이다. 물질이 넘쳐나는 이 시대에 우리에게 필요한 것은 어쩌면 저런 단아한 시선과 고요한 마음일지 모른다. 로마의 시인 호라티우스는 이야기한다.

> 나이 들어 좋은 점은, 어떤 일에도 놀라지 않는 것이다.[30]

세상을 살다 보면 놀랄 일이 없어진다기보다, 놀라움조차 담담히 맞이하게 된다. 기쁨도 슬픔도 성공도 실패도 그저 인생이라는 커다란 물결 가운데 하나일 뿐임을 알기 때문이다.

세상의 풍파와 사람들의 말, 헛된 이름과 자랑을 다 스쳐 보낸 뒤에 오는 고요. 그 고요 속에서 비로소 내가 나를 만난다. 외적 성취나 물질적 만족에만 매몰되지 않고, 자신의 존재와 삶의 의미에 대해 끊임없이 성찰하는 태도. 작은 것에서도 아름다움과 의미를 발견할 수 있는 감수성. 욕망에 휘둘리지 않는 내적 중심. 이런 것들을 기를 수 있도록 안내하는 것이 진정한 교육이 아닐까.

당신은 살면서 무엇을 취하고 싶은가? 이 질문 앞에서 우리는 모두 학생이 된다. 그리고 그 질문을 진지하게 던지는 순간, 이미 우리는 의미 있는 삶을 시작하고 있는 것이다.

---

30 호라티우스, 『에피스틀』

이치에 맞게 산다는 것

시간은 언제나 무심결에 우리 곁을 흐른다. 우리가 자각할 때도, 무심코 살아갈 때도, 물결처럼. 영국의 사무엘 존슨은 "현재의 시간만이 인간의 것"이라고 했다. 지나간 시간은 되돌릴 수 없고, 아직 오지 않은 시간은 누구의 것도 아니다. 우리가 온전히 가질 수 있는 것은 지금, 이 순간뿐이다.

로마의 철학자 마르쿠스 아우렐리우스는 『명상록』에서 이렇게 말했다.

> 네 몫으로 할당된 시간이란 그토록 짧은 것이니, 이치에 맞게 살다가 즐겁게 죽어라. 마치 올리브 열매가 자기를 낳은 계절과 자기를

> 키워준 나무로부터 떨어지듯.

삶은 바람처럼 스치고 물처럼 스며들어 사라진다. 모든 생은 반드시 사라진다는 것이 분명한 사실이다. 그렇다면 중요한 것은 오래 사는 것이 아니라 '어떻게' 사는가의 문제다. 이치는 바로 그 '어떻게'의 길잡이자 등불이다.

고대의 지성들은 한결같이 "자연의 이치에 따르라"고 한다. 노자는 『도덕경』에서 말한다.

> 사람은 땅을 본받고, 땅은 하늘을 본받고, 하늘은 도를 본받고, 도는 자연을 본받는다.

자연을 보라. 억지로 아무것도 하지 않지만 모든 것이 제자리를 지키고 제때 일어난다. 봄에는 꽃이 피고 가을에는 잎이 진다. 억지로 서두르지도, 때가 아닌데 앞서 나가지도 않는다. 그런데 인간만이 그 순리를 거스르려 한다. 자신의 욕망을 자연의 질서 위에 올려놓으려 한다. 여기서 불안과 고통이 시작된다.

  이치에서 벗어난 삶은 평안을 얻기 위해 더 큰 불안을 선택하는 삶이다. 남보다 앞서려고, 더 많이 가지려고, 더 빨리 성공하려고 애쓰다 보면 자신의 리듬을 잃게 된다. 시계바늘이 똑똑 소리를 내며 시간을 재촉하듯, 현대인들은 늘 무언가에 쫓기며 산다. 하지만 진정한 삶의 가치는 속도나 양에 있지 않다. 질과 깊이에 있다.

그렇다면 '이치'란 무엇일까? 이치는 사물의 자연스러운 도리, 억지스럽지 않은 질서다. 개인적 차원에서는 자신의 본성과 능력, 한계를 인정하고 그에 맞게 사는 것이다. 무리하지 않되 게으르지도 않고, 욕심내지 않되 체념하지도 않는 균형감이다. 사회적 차원에서는 타인을 존중하고 공동체의 조화를 생각하는 것이다. 혼자만 잘되려 하지 않고, 함께 발전할 수 있는 길을 찾는 것이다. 자연적 차원에서는 환경을 파괴하지 않고 지속가능한 방식으로 사는 것이다. 당장의 편리함보다 미래를 생각하는 지혜다.

이치에 맞게 산다는 것은 거창한 것이 아니다. 작은 일상에서 실천할 수 있다. 자신의 능력에 맞는 일을 택하되 최선을 다하는 것. 타인과 비교하기보다는 어제의 자신과 비교하며 성장하는 것. 급하게 서두르기보다는 차근차근 단계를 밟아가는 것. 화가 날 때 감정에 휩쓸리지 않고 한 번 더 생각하는 것. 욕심이 날 때 정말 필요한 것인지 되물어보는 것. 성공했을 때 교만하지 않고, 실패했을 때 절망하지 않는 것.

마르쿠스 아우렐리우스의 말을 다시 되새겨본다. '이치에 맞게 살다가 즐겁게 죽어라'라는 말은 체념이 아니라 지혜다. 자연의 시간 안에서 자기 삶의 질서를 만들어가며, 흐름에 거슬러 고통받기보다는 순리에 기대어 조용히 익어가는 것이다. 올리브 열매가 때가 되면 자연스럽게 떨어지듯, 우리도 각자의 때에 각자의 방식으로 완성되어 간다. 그 과정에서 억지로 서두르거나 남과 비교할 필요란 없다.

소년의 고독은 램프가 된다

고향으로 간다. 한때 내 삶의 시작이었고 꿈의 뿌리였던 그곳으로. 토요일에는 유년의 그림자들이 스며든 섬진강 언저리를 찾아가고, 월요일에는 백운중학교 학생들에게 지난날의 고향 이야기를 들려주러 간다. 소년 시절, 쓸쓸하고 고독했던 나날을 함께 보냈던 윤남식이라는 친구의 아버지가 기와를 굽던 공장, 그 자리에 들어선 학교의 강단에 서게 될 줄이야.

   나는 그 아이들에게 무엇을 말할 수 있을까? 결국, 나는 다만 나의 이야기를, 지난 시간의 켜켜에 쌓인 묵은 이야기들을 있는 그대로 들려줄 수밖에 없을 것이다.

프랑스 작가 앙리 보스코는 이렇게 말했다.

> 다소 서투르게 내가 늘어놓은 저 유년 시절로부터 나에게 온 감정, 생각건대, 그것은 고독이었다.

이 말은 내가 고향의 순한 후배들에게 전하고 싶은 가장 진솔한 고백이다. 나 역시 고독한 어린 시절을 보냈다.

부모는 멀리 있었고, 할머니와 함께 사는 나날은 외로웠다. 친구들과 어울리기보다는 혼자 책을 읽는 시간이 많았다. 그 고독 속에서 문득 '작가가 되겠다'는 꿈이 가슴에 들어앉았다. 작가가 무엇을 하는 사람인지도 모르면서, 어느 날 문득 운명처럼, 혹은 계시처럼 그 꿈을 품게 되었다.

그러나 그 고독은 나를 망가뜨리지 않았다. 오히려 나를 더 단단하게 만들었으며 꿈을 꾸게 했다. 괴테는 "재능은 정적 속에서 형성된다"라고 했다. 떠들썩한 세계 속에서 자신을 발견하기란 쉽지 않다. 정적 속에서 마음은 자신에게로 향하고, 그 안에서 비로소 생명이 움튼다.

그래서 키르케고르가 자신이 겪었던 우울이 오히려 행운이었노라고 했던 게 아닐까 싶다. 나 역시 자칭 '우울증 환자'였지만, 끝끝내 그 우울을 견뎌낸 사람이기도 하다. 지나고 보니, 그 어둡고 축축한 기운이 나를 무너지지 않게 지탱해준 것이 아닐까 생각된다.

되돌아보면, 나의 고독, 나의 우울, 나의 슬픔이 깊었기에 이 나라, 이 땅에 대한 글을 쓸 수 있었던 것이다. 혼자만의 시간이 많았기에 책을 읽을 수 있었고, 외로움이 컸기에 글로 그것을 달래려 했으며, 그렇게 조금씩 작가의 길로 들어설 수 있었다. 인도의 시성 타고르의 시 「반딧불」 중 한 대목이다.

나의 수줍은 램프를 격려하려고 광대한 밤이 그 모든 별들을 켠다.

이제는 고향에 돌아가 고향 이야기를 하게 되었고, 그토록 염원했던 글쓰기를 삶으로 삼고 살아가게 되었다. 그 모든 일들이 하나의 필연처럼 다가온다. 나는 후배들에게 조용히, 그러나 단단하게 말해줄 것이다. 고독을 두려워하지 말라고. 그 고독이 언젠가는 당신만의 램프가 되어 길을 비춰줄 것이라고.

사랑을 배우지 못한 자의 사랑법

일본에서는 캥거루족이 늘고 있다는 소식을 들은 것도 꽤 오래 전이다. 자립하지 못한 채 부모에게 의지하며 사는 이들이 점점 많아지고, 그로 인해 부모는 자식을 피해 이름을 바꾸고 숨어 사는 일까지 벌어진다. 우리나라도 일본을 따라가는 경향이 있으니, 머지않아 그런 일이 우리 곁에서도 현실이 될지 모른다고 추측했다. 그리고 그것은 불행하게도 현실이 되고 말았다.

캥거루족으로 대표되는, 자라나는 어린 세대들의 의존성을 다들 걱정해마지않는다. 부모들의 태도를 성토하는 목소리도 크다. 요즘 부모들은, 특히 어머니들은 자녀가 너무나 소중해서 차마 목소리조차 높이지 못하는 경우가 많다는 것이다. 조금이라도 다칠까 봐, 마음이상할까 봐 전전긍긍하는 모습이 내가 보기에도 예전보다 더 많이 보인다. 사랑이 너무 넘치면 질식할 수도 있다. 그런 과보호가 과연 아이들에게 어떤 영향을 끼칠까. 당장이 아니라, 시간이 흘러서 그것의 결과가 드러날 것이다.

하지만 그렇다고 부모의 사랑이 불필요하다는 뜻은 아니다. 오히려 그 반대다. 자녀가 어린 시절만큼은, 아무리 힘들고 여유가 없더라도 가능한 한 함께 있어야 한다는 게 내 지론이다. 그 시기의 한순간이 아이의 평생을 만들고, 고통이든 사랑이든, 어린 시절의 경험은 지워지지 않는다는 것을 내가 직접 체험했기 때문이다.

방금 말한 대로, 나는 '캥거루'와는 반대의 경험을 했다. 초등학교 4학년 무렵까지 할머니와 살았고, 부모는 멀리 있었다. 어머니는 옷을 떼어다 마을을 돌며 파는 행상을 하셨고, 한 달에 두어 번, 그것도 해질 무렵 잠시 얼굴을 비추는 정도였다. 따스한 품에서 어루만져 주는 손길, 달빛에 실려 들려오는 자장가 대신, 나는 바람 소리와 마룻바닥의 삐걱거림 속에서 잠이 들었다. 아버지 역시 집에 거의 붙어 있지 않았다.

사랑은 멀어질수록 간절해지고, 부재는 오히려 존재보다 깊은 흔적을 남긴다. 그래서일까, 나는 늘 외로움을 곁에 두고 살았다. 어린 시절 부모와 떨어져 자란 이들이 대체로 그렇듯, 나 역시 무언가 허전한 채 살아왔고, 그 허전함은 평생을 두고 나를 따라다녔다.

그런 내게 깊은 울림을 준 작품이 마르셀 프루스트의 『잃어버린 시간을 찾아서』다. 소설 속 주인공은 저녁마다 어머니가 해주는 키스를 유일한 위안으로 삼는다. 그마저도 연회가 있는 날이면 어머니는 오지 않는다.

> 나는 어머니의 저녁 인사를 너무나 좋아했기 때문에, 그 시간이 조금이라도 길어지기를 소망했다. 어머니가 내게 키스를 하고 방을 나서려는 순간, 나는 '한 번만 더 안아주세요'라고 말하고 싶었다.

그 기다림의 절박함은 단순한 애정의 갈망이 아니다. 그것은 존재의 증명이다. 누군가 나를 기다려주고, 안아주고, 존재를 확인시켜주는 시간. 그것이야말로 어린아이에게는 전부다. 그 시간이 주어지지 않으면 아이는 스스로의 존재마저 의심하게 된다.

어머니의 사랑은 '내리사랑'이다. 조건 없이, 되돌려받으려는 계산 없이 주어지는 것. 그러나 그 사랑을 한 번도 제대로 받아보지 못한 사람에게는, 그마저도 설명하기 어려운 허상이 된다. 사랑은 받는 것이기도 하지만, 결국은 주는 것이다.

사랑받지 못한 사람이 누군가에게, 무엇에게든 따스함을 나누고 싶은 마음을 갖게 된다면, 그것은 어쩌면 그때 받지 못한 사랑을 돌려주는 방식일지도 모른다. 사랑을 제대로 배우지 못한 자의 사랑법이 그래서 더 간절하기를. 그리하여 마침내 우리가 받은 것보다 더 큰 따스함을 이 세상에 남겨놓고 떠날 수 있기를.

명패 놓인 책상 대신, 걷기

기관의 손짓 앞에 놓인 적이 있다. 어느 날, 문용주 교육감이 나에게 뜻밖의 제안을 했다. "신정일 선생님, 아예 교육청으로 들어와 전라북도 문화를 함께 활성화시킵시다. 계약직으로, 직급도 교장 수준으로 높여드릴 수 있습니다." 그 제안은 매혹적이었다.

중국 고대의 요순시대堯舜時代는 오늘날까지도 '태평성대'의 상징으로 회자된다. 그 시대를 대표하는 인물 중 하나가 바로 허유許由다. 그는 세상의 부귀영화를 등진 채 산속에서 조용히 살아가던 은자였다. 어느 날 요임금이 허유를 찾아와 "이 천하를 그대에게 물려주고 싶소"라고 했다. 그러자 허유는 손사래를 치며 거절했다.

뱁새는 아무리 큰 숲속이라 해도 나뭇가지 몇 개면 집을 짓기에 충분하고, 두더지는 황하의 물을 마셔도 그저 배만 부르면 그뿐입니다. 요리사가 음식을 잘 만들지 못한다고 해서 임금이 부엌에 들어가 요리를 할 수는 없는 법이지요.

요임금은 물러서지 않고 다시 제안했다. "그럼 구주九州의 장이라도 맡아주게." 허유는 더 듣지 않고 강가로 나아가 귀를 씻었다. 듣고 싶지 않은 말을 들었으니 귀가 더럽혀졌다는 뜻이었다. 마침 소에게 물을 먹이러 온 허유의 친구 소부巢父가 이 모습을 보고는 호통을 친다.

그대가 진정으로 숨었더라면, 누가 그대를 찾아왔겠는가? 이름을 감추지 않고 떠들썩하게 살았기에 사람들이 찾아온 것일세.

그리고 그는 소에게 더러운 물을 먹일 수 없다며 강 위로 올라가 깨끗한 물을 다시 길어 주었다.
  이 고사는 『장자』 외편 「산목편」에 전해지는 이야기다. 나는 문 교육감의 제안에 몸둘 바를 몰라 감사하면서도, 위의 고사를 불현듯 떠올렸다.

시작은 1997년, 전라북도 일대의 수학여행 실태를 조사하던 무렵이었다. 당시 초등학생들은 주로 화엄사, 광양제철, 오동도 등지로, 중고등학생들은 설악산, 제주도, 경주로 여행을 떠나곤 했다. 대개가 교육과는 거리가 먼 '노는' 목적에 가까운 관광지 순회였다. 자료집도, 안내자도 없는 상태에서 이루어지는 수학여행은 수십 년간 관행처럼 이어져 왔고, 나는 이대로는 안 되겠다고 생각했다. 수학여행이 우리의 역사와 문화를 탐구하는 프로그램으로 거듭나야 한다는 생각이 들었다.

당시 문화관광산업은 21세기 고부가가치 산업으로 주목받고 있었다. 무의미한 소모적 여행이 아닌, 정체성과 창조적 경험을 쌓는 기행으로 바꾸어야 할 시점이었다. 물론, 이런 이상이 바로 현실이 되는 일은 없었다. 교사들과 회원들, 대부분은 불가능할 것이라 말했다. 여행사와의 유착, 교사들의 무관심, 학교 시스템의 관성 등이 발목을 잡을 것이라고 했다. 하지만 부딪혀보자는 마음 하나로 나는 문용주 전라북도 교육감을 만나기로 했다.

그를 만나기 전, 나는 먼저 프로그램을 기획했다. '공주—부여—익산 백제기행', '동편제와 서편제를 아우르는 판소리 기행', '동학농민혁명 유적지 답사', '진안 매잡이 생태기행', '정여립, 전봉준, 강증산 등 지역 인물 기행' 등 전라북도와 충청도에서만 가능한 20여 개의 테마를 구상했다. 교육감은 처음엔 반신반의하는 눈치였다. "며칠 안에 연락드리겠다"라고 했지만, 나는 기대하지 않았다. 그런데 며칠 뒤, 전화가 왔다. "선생님, 전라북도 교육청과 함께 한번 해봅시다."

그렇게 시작된 변화는 빠르게 퍼져나갔다. 전주여고와 남원여고를 시작으로, 〈용의 눈물〉의 배경인 전주 경기전과 객사, 풍남문 일대를 걷는 기행을 시작했고, 언론에서도 이것을 좋게 보았다. 그 발걸음을 시작으로, 전국의 수학여행이 기존 방식에서 벗어나 '현장 체험학습'으로 바뀐 것이다. 덕분에 전라북도 교육청도 세시풍속 축제와 체험 기행을 융합한 공로로 매년 전국 교육청 평가에서 1위를 차지할 수 있었다.

그 덕에 문용주 교육감이 내게 '월급쟁이' 생활을 제안한 것이다. 그 제안은 물론 고마웠지만, 나에게 그러나 큰 고민거리였다. 생애 최초로 월급쟁이, 그것도 꽤 지위와 보상이 높은 월급쟁이가 될 기회였다. 하지만 나는 가족들과 상의했고, 여러 지인에게도 조언을 구했다. 결국 나는 정중히 거절했다.

내가 혼자 그 조직에 들어가 바꿀 수 있는 것은 한계가 있고, 문 교육감이 자리를 떠나면 그 한계는 더 분명해질 것이기 때문이었다. 무엇보다도 나는 조직 내부보다는 길 위에서, 책상보다는 들판에서, 회의보다는 걷고 쓰는 일을 택한 사람이었다. 조직의 길을 택하지 않았기에, 나는 수많은 경험을 할 수 있었고, 그 경험들이 모여 내가 아끼는 『신택리지』 10권과 다른 여러 책을 쓸 수 있었다.

남명 조식 선생이 말했듯, "배운 것을 실천하지 않으면 안 배움만 못하고, 오히려 죄악이 된다." 조직생활의 기회는 오히려 나는 나의 본분을 지키는 데 집중하는 계기가 되었다. 조직의 논리에 얽매이지 않고, 나만의 리듬으로 걷고 쓰는 삶. 그것이 나의 본분이며, 내가 가장 잘 살아내는 방식이니까.

결국, 인생은 1인칭이다

어느 하루, 뜻하지 않게 일정이 비고, 집에 머무를 여유가 생긴다. 책상 앞에 앉아 글을 쓰고 책장을 넘기지만, 그마저도 마음처럼 되지 않는다. 매일같이 시계추처럼 이리저리 흔들리는 삶. 정해진 직장이 없어 백수나 다름없는 나도 이토록 분주한데, 세상 사람들은 또 얼마나 쉴 틈 없이 자신을 몰아가며 살고 있을까. 그러나 모든 통신망이 숨고르기에 들어가고, 하루의 번잡한 동선이 저물어 고요가 내려앉는 밤이면 홀연히 밀려드는 사유의 가닥 하나. "결국, 인생이란 혼자일 수밖에 없지 않은가."

인적 드문 새벽의 정적 속에서, 문을 하나 열면 어쩌면 그 길이 펼쳐져 있을지도 모른다는 예감이 든다. 아직 멀었는지, 이미 가까워졌는지조차 모를 그 혼자의 마지막 귀로歸路. 날아갈 듯 가볍고도 허공처럼 텅 빈 그 길. 도대체 우리는 어디서 왔고, 어디로 향하고 있는 걸까. 이 같은 물음은 비단 나만의 것이 아니다.

1841년 3월 13일, 미국의 사상가 헨리 데이비드 소로는 자신의 일기에 이렇게 적었다.

> 인생이란 결국 혼자가 아닌가! 인생의 해변에서 우리와 바다 사이를 가로막는 것은 아무것도 없다. 내 이웃들은 순례의 길을 걷는 동안 나에게 위안이 되어줄 동료들이다. 그러나 길이 갈리는 곳에서 나는 또다시 홀로 길 위에 서야 한다. 인생의 먼 여정을 끝까지 함께 갈 수 있는 사람은 아무도 없기 때문이다.

이 얼마나 명징한 고백인가. 우리는 때때로 사람을 만나고, 그들과 웃고, 울고, 기대고, 속삭이며 살아간다. 그러나 그 모든 동행은 결국 갈림길에서 멈춘다. 누군가를 곁에 두고 살아가는 일이 삶의 위안이라면, 홀로 서는 법을 배우는 일은 인생의 진실이다. 우리는 누군가와 어깨를 나란히 걷기도 하고 때로는 손을 꼭 잡기도 하지만, 끝내 마지막 계곡을 건널 때는 누구나 혼자의 발로 건너야 한다.

소로는 또다시 말한다.

사람은 누구나 선두에 서서 길을 간다. 매정한 운명은 연약한 어린 아이라고 눈감아주는 법이 없다. 아이들도 부모만큼이나 매정한 운명에 노출되어 있다. 부모와 친척이 젊은이를 위로해 줄 수는 있으나, 운명의 시련을 막아주는 방파제 노릇은 할 수 없다. 이것은 모든 사람이 직면하는 운명의 변함없는 진리이다. 우리 앞에 펼쳐진 광활한 공간 어디를 둘러보아도 울타리는 보이지 않는다.

우리는 나약하다. 그러나 세상은 우리의 나약함을 고려해 고난을 면제해 주지 않는다. 한 아이가 태어나 어른이 되기까지, 어른이 다시 나이 들어 저물기까지, 운명은 단 한 번도 그의 손을 잡아 이끌지 않는다. 그 어떤 관계도 이 운명의 맹렬한 침묵 앞에서는 무력하다. 부모도 자식도, 친구도 연인도, 그 누구도 대신 아파해 줄 수 없고, 대신 걸어줄 수 없다.

　모든 삶은 철저히 1인칭이며, 모든 죽음은 궁극의 독백이다. 그러나 그렇기에 살아 있는 동안 우리가 누군가와 손을 맞잡고 함께 길을 걸을 수 있다는 사실은, 그 자체로 기적이다.

　마주 앉아 차 한 잔을 나누고, 같은 풍경에 감탄하고, 어느 날엔 웃고, 또 어느 날엔 울 수 있다는 것. 그 일상의 순간들이야말로 우리가 서로를 위해 마련한 작은 '휴게소'다. 짧은 동행이지만, 그것만으로도 우리는 서로의 삶을 덜 외롭게 한다. 그럼에도 불구하고 인생은, 본질적으로, 외롭다. 오늘이라는 하루가 끝나고 내일이 시작되는 것처럼 우리는 매일 '떠남'의 예행연습을 하며 살아간다.

마르셀 프루스트는 『잃어버린 시간을 찾아서』에서

나는 오랫동안 잘 잤다.[31]

라고 적었다. '잘 잤다'라는 말은 단지 숙면을 의미하지 않는다. 그것은 삶의 한 시기를 평안히 마무리했다는 고백이며, 온몸을 내던져 안식의 세계로 들어간 자의 최후의 말이다.

과연 나는 마지막 순간, '나는 내 삶을 잘 살았다'라고 말할 수 있을까. 이 질문은 스스로를 향한 내면의 가장 깊은 울림이다. 나는 내 삶을 정직하게 살아왔는가. 나는 나의 생각대로, 나의 방식으로, 누구를 탓하지 않고, 누군가에게 의존하지 않고, 온전히 나의 책임으로 살아왔는가. 그 질문에 정직하게 답할 수 있을 때 비로소 우리는 '혼자'라는 단어가 슬프지 않다는 것을 깨닫는다.

인생은 혼자라는 진실은, 비극이 아니라 성숙의 증표다. 고독은 단절이 아니라 가장 깊은 연결이다. 우리의 생은 결국 하나의 영혼이,

---

[31] 마르셀 프루스트, 『잃어버린 시간을 찾아서』, 「스완네 집 쪽으로」

우주의 침묵 속을 건너는 긴 노래에 지나지 않는다. 그리고 그 노래가 끝나기 전, 어디선가 조용히 속삭이는 목소리가 들린다.
 '잘 살고 있다.'

> 나는 나대로 살았노라

살아가며 가장 불편한 순간은 어떤 때일까. 나는 마음속으로 허락하지 못한 사람을 마주했을 때가 가장 불편하다. 그런 사람을 다시 마주하면 마음은 저도 모르게 굳고, 얼굴빛마저 흐려진다. 누군가는 나를 두고 "모든 사람을 포용할 것 같다"라고 말하지만, 전혀 그렇지 않다. 한 번 마음에서 떠나보낸 사람은 다시 들이기가 어렵다. 그와 다시 마주 앉는다 해도, 예전처럼 마음을 여는 일이 쉽지 않다. 나의 결점이라면 아마 가장 큰 결점일 것이다.

시대의 이단아였던 이탁오의 「고결함에 대하여 高潔說」라는 글이다.

> 나는 천성이 높은 것을 좋아한다. 높은 것을 좋아하면 거만하여 낮추지 못하게 된다. 그러나 내가 낮추지 못하는 것은 권세와 부귀만을 믿는 이들에 대한 것이며, 조금이라도 훌륭함이나 선함이 있다면, 그가 노예이거나 하인일지라도 절하지 않는 법이 없다.

나는 과연 이런 마음가짐에 도달할 수 있을까. 그러지 못한 나 자신을 자주 마주 대하곤 한다. 얼마 전만 해도 그랬다. 오랫동안 몸담았던 한 위원회를 그만두면서 예전 기억 속에서 불편하게 얽혀 있던 이를 마주했다. 그와 마주한 순간, 내 마음은 다시금 불편해졌고, 나는 그를 받아들이지 못했다. 포용하지 못한 나, 그릇이 작다는 증표다. 그렇다고 모든 탓을 타인에게 돌릴 수도 없다. 어쩌면 그 사람도 나를 불편해했을 테고, 어쩌면 아무렇지 않았을지도 모른다. 속이 좁은 건, 어쩌면 나 혼자일 수도 있다.

    나와 비슷한 것 같기도 하고 나와는 전혀 다른 삶을 사는 것 같기도 한 이탁오는 말년에 이르러서야 자신의 허상과 한계를 통렬하게 고백하며 이렇게 말했다.

> 나는 어릴 적부터 성인의 가르침이 담긴 책을 읽었지만, 그 가르침이 무엇인지 알지 못했다. 공자를 존숭했지만, 그가 왜 존경받아야 하는지 몰랐다. 말하자면, 난쟁이가 굿거리 구경을 하듯, 남들이

'좋다'고 외치면 나도 따라 외쳤을 뿐이다. 오십이 되기 전까지의 나는 한 마리 개에 불과했다. 앞의 개가 그림자를 보고 짖으면 나도 따라 짖었다. 왜 짖는지 묻는다면, 벙어리처럼 웃기만 할 뿐이었다.

「성인의 가르침에 대하여聖人說」라는 글이다. 어쩌면 나 역시도 그랬다. 제대로 알지 못하면서도 남들이 간다고 해 나도 모르게 따라 걷고, 따라 짖고, 따라 믿었다. 제대로 알지 못하면서 무작정 남이 장에 간다니까 장에 가는 사람들이 이 세상에는 부지기수다. 그렇게 믿고 따르다가 어느 날 내가 그 사람에게 속았느니, 순전히 사기꾼이었는데 왜 그걸 알려주지 않았느냐고 난리를 치는 사람들을 여럿 보았다. 누가 믿으라고 했는가? 아니다. 결국, 자기 발등을 자기 스스로 찍은 것뿐이다.

이탁오는 오십이 넘어서 자신의 한계, 아니 시대의 한계를 깨닫고 자기 자신의 목소리를 내다가 결국 시대의 희생양이 되었다. 그것이 그를 시대의 이단아로 만들었지만, 동시에 진정한 사상가로 남게 했다.

나는 아직 그만큼도 못 된다. 그래서 더욱 옹졸하고, 주저하고, 조심스럽다. 하지만 그럼에도 불구하고, 나는 내 작은 목소리를 낸다. 개미가 지상을 지나가는 소리보다도, 나팔꽃이 터지는 소리보다도, 잠자는 이의 숨소리보다도 더 작게, 그렇게 작고 미미하게, 내 안의 진실을 토해낸다.

그러다 언젠가, 나도 사라지겠지. 그때에도 지금처럼 창문을 두드리는 바람 소리를 들으며 생각에 잠긴 채 이 세상을 조용히 하직할 수 있을까. 그때 내 마음에 작은 고요가 머물며 "나는 나대로 살았노라"라고 의연히 말할 수 있기를 바란다. 그 말이야말로, 이탁오가 그러했듯 자신의 신념을 따라 산 사람만이 남길 수 있는 가장 담담하고도 진실한 유언일 것이다.

우리는 무엇을 꿈꾸며 살고 있는가

조선 후기 실학자 유중림은 『산림경제』에는 다음과 같은 구절이 실려 있다.

> 집은 높고 커야만 하는 것이 아니요, 비만 새지 않으면 되고, 옷은 비단일 필요 없고 따뜻하면 된다. 음식은 진수성찬일 필요 없고 배만 부르면 되고, 아내는 얼굴보다 현숙한 것이 낫다. 친척은 옛것, 새것 가릴 것 없이 서로 오가는 데 의미가 있으며, 이웃은 지위 높고 낮음을 따지기보다 화목함이 중요하다. 벗은 술을 나누는 데 있지 않고 서로 의지하는 데 있다.

삶의 본질을 꿰뚫는 이 소박한 지혜는, 오늘날에도 전혀 낡지 않은 채 우리 곁에 머무른다. 세월이 흘렀다 해도, 마음이 머무는 자리는 크게 다르지 않다. 인간 본성의 이치에 맞닿아 있기 때문이다. 하지만 인간은 예나 지금이나 거대한 욕망을 품곤 한다. 인간이 인간으로 사는 한, '신이 되는 것'은 불가능한 꿈이다. 하지만 플라톤은 『테아게스』에서 이렇게 적는다.

가능하기만 하다면 인간은 모든 인간의 주인이 되고 싶어 하며, 궁극에는 신이 되기를 원한다.

고대 그리스 에페이로스의 왕 피로스 1세 역시 원대한 야망을 품고 있었다. 현자 키네아스가 이탈리아 정복을 계획하는 피로스 왕에게, 그것이 끝나면 무엇을 할 것이냐고 물었다. 왕은 이탈리아를 정복한 뒤에 아프리카를 차지할 것이며, 세상을 손에 넣은 뒤에는 평온한 삶을 살 것이라 답했다. 이에 키네아스는 반문했다. 그렇게 평온하게 살고자 한다면, 왜 지금 이 자리에서 그 편안함을 누리지 못하느냐고. 플루타르코스의 『영웅전』에 나오는 이야기다.

로마의 시인 루크레티우스는 이 대화를 두고, 인간이 얼마나 욕망의 경계와 쾌락의 적절한 완성 지점을 알지 못하는지를 보여주는 사례라며 평가했다. 결국, 더 많이 가지려는 욕망이 오히려 '지금 여기'

의 기쁨을 무디게 만드는 것이다.

20세기 최고의 작가로 평가받는 프란츠 카프카는 좀 더 내면적이고 은둔적인 소원을 품었다. 그는 한 일기에서, 자신에게 가장 이상적인 삶의 형태는 지하실 깊숙한 방 안에서 글만 쓰며 지내는 것이라고 고백했다. 식사는 문밖에 놓아주면 되고, 그는 잠옷 차림으로 좁은 복도를 산책 삼아 걸어 나가 그것을 가져와 먹고 다시 글을 쓰겠다고 했다. 그렇게 한다면 자신은 글을 쓸 수 있을 것이며, 글은 어쩌면 심연의 가장 깊은 곳에서 끌어올리는 무언가가 될 것이라고 적었다. 세상과 철저히 단절된 공간에서 오로지 문장에 몰두하고자 했던 그의 소망은, 은둔과 침묵 속에서 빚어진 진실의 언어에 대한 갈망이었다.

    루소는 한층 소박한 소망을 품은 사람이다.

> 근사한 하루가 밝아오는 것을 보면서 가장 먼저 드는 생각은, 제발 편지가 오거나 손님이 찾아오지 않아서 이 고요한 기쁨이 흐트러지지 않기를 바라는 것이다.[32]

누군가에게 간섭받지 않고, 자신만의 침묵 속에서 사유와 기쁨을 음

---

32   장자크 루소, 『고독한 산책자의 몽상』

미하는 것. 그가 바란 건 오직 그것뿐이었다.

    수많은 사람들의 소원 중, 내 가슴 깊이 파문을 일으킨 것은 덴마크의 철학자 쇠렌 키르케고르의 말이다. 이 말은 그의 시「신이 내게 소원을 묻는다면」에 담겨 있다.

> 신이 내게 소원을 묻는다면, 나는 부나 권력을 달라 하지 않겠다. 대신 식지 않는 뜨거운 열정과 희망을 바라볼 수 있는, 늙지 않는 생생한 눈을 달라고 하겠다. 부나 권력으로 얻은 기쁨은 시간이 지나면 시들지만, 세상을 바라보는 눈과 희망은 시드는 법이 없으니까.

소원의 깊이는 바라는 대상이 아니라, 그것을 통해 세상을 어떻게 응시할 것인가에 있다. 그리고 오래도록 내 안에 남은 또 하나의 말이 있다. 괴테의『파우스트』에 나오는「우미의 여신들」의 한 대목이다. 그는 삶 속에서 주는 행위도, 받는 행위도 우아해야 하며, 소원이 이루어지는 순간조차 그 기쁨을 고요한 감사로 품어야 한다고 말한다. 소원을 성취하는 일은 단지 어떤 결과가 아니라, 그 과정을 품고 감싸는 태도에서 비로소 완성된다.

    소원이란 무엇인가. 그것은 그 사람의 깊은 내면에서 길어 올린 진심이다. 우리는 누구나 크고 작은 소원을 품고 산다. 그것이 허황되든, 단순하든, 고귀하든 상관없다. 결국, 그 사람이 어떤 소원을 품느냐가 그 삶의 결을 만든다. 그래서 나는 오늘도 조용히 기도한다. 내게 식지 않는 열정과 세상을 다시 보게 해주는 젊은 눈을 허락해달라고.

어린 시절, 선생님이 "너는 장래에 무엇이 되고 싶니?" 하고 물으면, 교실은 각양각색의 꿈으로 가득 찼다. 한 반에 대통령이 두어 명쯤은 꼭 있었고, 부자, 장군, 가수가 되겠다는 대답도 흔했다. 그런 와중에 나는 '작가'가 되겠다고 했다. 전북 진안, 토끼와 발맞추며 살던 그 궁벽진 산골에서 감히 그런 말을 내뱉었던 것이다. 어쩌면 아무도 귀 기울이지 않았던 외마디 환상이었을지 모르지만, 작게나마 그 꿈을 이루었다는 사실은 여전히 내겐 신기하고도 고마운 일이다.

  우리가 품은 소원이 반드시 크고 대단한 것이어야만 할 이유는 없다. 세상을 바꾸겠다는 거창한 포부가 아니라, 오늘 하루의 마음을 바르게 다잡고, 이웃과 조화롭게 살아가며, 자신에게 부끄럽지 않은 하루를 쌓아가는 것만으로도 그 소원은 충분히 빛을 발한다. 어쩌면 삶이란, 성취하지 못한 소원과 함께 살아가는 법을 배우는 여정인지도 모른다. 어린 시절 나는 작가가 되기를 꿈꿨고, 그 꿈을 향해 걷는 내내 수많은 좌절과 의심, 실패가 함께했다. 하지만 매번 되돌아와 글 앞에 앉았고, 이 길의 한가운데까지 오게 되었다. 그러니 어떤 의미에서는, 소원은 실현의 대상이기보다 그 자체로 삶을 밀고 나가는 내면의 불씨인지도 모른다.